本书由教育部首批国家级职业教育教师教学创新团队课题研究项目
“产教融合背景下学前教育专业实践教学模式创新研究”(SJ2020140101)

2017年江苏省高等教育教改研究课题
“基于专业认证标准的专科学前教育专业实践教学质量保障体系的建构”(2017JSJG082)

江苏省高校“青蓝工程”资助

学生岗位实习手册

主　编　陆珊珊　宋琛琛

南京大学出版社

图书在版编目(CIP)数据

学生岗位实习手册 / 陆珊珊，宋琛琛主编. -- 南京：南京大学出版社，2024.9

ISBN 978-7-305-28061-0

Ⅰ. ①学… Ⅱ. ①陆… ②宋… Ⅲ. ①幼儿园一实习一高等职业教育一教材 Ⅳ. ①G61-45

中国国家版本馆 CIP 数据核字(2024)第 091592 号

出版发行　南京大学出版社
社　　址　南京市汉口路 22 号　　　　邮　编　210093

书　　名　学生岗位实习手册
XUESHENG GANGWEI SHIXI SHOUCE
主　　编　陆珊珊　宋琛琛
责任编辑　丁　群　　　　　　　　　编辑热线　025-83597482

照　　排　南京南琳图文制作有限公司
印　　刷　徐州绪权印刷有限公司
开　　本　787 mm×1092 mm　1/16 开　印张 11.5　字数 164 千
版　　次　2024 年 9 月第 1 版　2024 年 9 月第 1 次印刷
ISBN 978-7-305-28061-0
定　　价　33.00 元

网址：http://www.njupco.com
官方微博：http://weibo.com/njupco
微信服务号：NJUyuexue
销售咨询热线：(025) 83594756

目 录
CONTENTS

实习生守则

1. 端正教育实习态度。实习期间,必须自始至终保持充沛精力,专心致志地完成各项具体任务。

2. 严格要求自己。实习期间的一切行为举止要符合幼儿园要求,作息时间、着装、言行举止等要符合师范生的规范。

3. 实习期间原则上不准请假,如因病和突发事件,实习生请假必须经过学校指导教师、幼儿园指导教师和园长的批准,不经同意不能离开实习点。请假一天及以上还需要经过学校批准。

4. 认真完成规定的各项任务。提前准备实习计划,从科学的教育观出发,协助幼儿园指导教师组织好幼儿的一日生活和各项教育活动。

5. 处理好与幼儿园及教师的关系。遵守幼儿园的一切规章制度,尊重指导教师和保育员。

6. 处理好与同学的关系。注意团结友爱,在实习中遇到问题,要互相帮助,虚心学习,共同解决,共同进步。

个人岗位实习计划

<table>
<tr><td>岗位实习
幼儿园名称</td><td></td><td>岗位实习
幼儿园性质</td><td colspan="4"></td></tr>
<tr><td>起始时间</td><td colspan="6"></td></tr>
<tr><td>岗位实习班级</td><td></td><td>幼儿人数</td><td>男</td><td></td><td>女</td><td></td></tr>
<tr><td>学校指导教师</td><td></td><td>幼儿园指导教师</td><td colspan="4"></td></tr>
<tr><td colspan="7">岗位实习目标</td></tr>
<tr><td colspan="7"></td></tr>
<tr><td colspan="7">岗位实习计划</td></tr>
<tr><td colspan="7"></td></tr>
</table>

幼儿园周计划记录分析表

<table>
<tr><td>主题名称</td><td colspan="5"></td></tr>
<tr><td>班级</td><td colspan="2"></td><td>日期</td><td colspan="2"></td></tr>
<tr><td>主题目标</td><td colspan="5"></td></tr>
<tr><td>环境创设</td><td colspan="5"></td></tr>
<tr><td>星期
内容</td><td>一</td><td>二</td><td>三</td><td>四</td><td>五</td></tr>
<tr><td>集体活动</td><td></td><td></td><td></td><td></td><td></td></tr>
<tr><td>户外活动</td><td></td><td></td><td></td><td></td><td></td></tr>
<tr><td>区域活动</td><td></td><td></td><td></td><td></td><td></td></tr>
</table>

生活活动	
功能室活动	
家园联系	
活动反思	

幼儿园周计划记录分析表

主题名称					
班级			日期		
主题目标					
环境创设					
星期 内容	一	二	三	四	五
集体活动					
户外活动					
区域活动					

生活活动	
功能室活动	
家园联系	
活动反思	

幼儿园周计划记录分析表

<table>
<tr><td>主题名称</td><td colspan="5"></td></tr>
<tr><td>班级</td><td colspan="2"></td><td>日期</td><td colspan="2"></td></tr>
<tr><td>主题目标</td><td colspan="5"></td></tr>
<tr><td>环境创设</td><td colspan="5"></td></tr>
<tr><td>星期
内容</td><td>一</td><td>二</td><td>三</td><td>四</td><td>五</td></tr>
<tr><td>集体活动</td><td></td><td></td><td></td><td></td><td></td></tr>
<tr><td>户外活动</td><td></td><td></td><td></td><td></td><td></td></tr>
<tr><td>区域活动</td><td></td><td></td><td></td><td></td><td></td></tr>
</table>

生活活动	
功能室活动	
家园联系	
活动反思	

幼儿园周计划记录分析表

<table>
<tr><td>主题名称</td><td colspan="5"></td></tr>
<tr><td>班级</td><td colspan="2"></td><td>日期</td><td colspan="2"></td></tr>
<tr><td>主题目标</td><td colspan="5"></td></tr>
<tr><td>环境创设</td><td colspan="5"></td></tr>
<tr><td>星期
内容</td><td>一</td><td>二</td><td>三</td><td>四</td><td>五</td></tr>
<tr><td>集体活动</td><td></td><td></td><td></td><td></td><td></td></tr>
<tr><td>户外活动</td><td></td><td></td><td></td><td></td><td></td></tr>
<tr><td>区域活动</td><td></td><td></td><td></td><td></td><td></td></tr>
</table>

生活活动	
功能室活动	
家园联系	
活动反思	

幼儿一日生活活动记录表

时间	活动内容	观察实录

备注：

1. 清晰记录幼儿在园生活各环节的时间、内容。
2. 观察实录主要包括：幼儿一日生活活动内容、幼儿行为描述、教师指导要点等。

幼儿一日生活活动记录表

时间	活动内容	观察实录

备注：

1. 清晰记录幼儿在园生活各环节的时间、内容。
2. 观察实录主要包括：幼儿一日生活活动内容、幼儿行为描述、教师指导要点等。

幼儿园班级一日活动观察分析表

<table>
<tr><td>观察班级</td><td colspan="2"></td><td colspan="2">观察日期</td><td></td></tr>
<tr><td>幼儿人数</td><td>男</td><td colspan="2"></td><td>女</td><td></td></tr>
<tr><td>一日活动
安排表</td><td colspan="5">记录清楚各个环节的时间和名称</td></tr>
<tr><td>观察实录</td><td colspan="5">记录清楚活动内容、行为描述、指导要点(教师工作要求、保育员职责)等</td></tr>
</table>

分析	综合评价一日活动设计的要点及实施情况

幼儿区域活动观察分析表

<table>
<tr><td>观察者</td><td colspan="2"></td><td colspan="2">观察班级</td><td colspan="2"></td></tr>
<tr><td>观察时间</td><td colspan="2"></td><td colspan="2">观察时长</td><td colspan="2"></td></tr>
<tr><td>观察区域</td><td colspan="2"></td><td colspan="2">观察人数</td><td colspan="2"></td></tr>
<tr><td rowspan="2">观察内容</td><td rowspan="2">要求</td><td colspan="2">达到</td><td colspan="3">未达到</td></tr>
<tr><td>男</td><td>女</td><td>男</td><td colspan="2">女</td></tr>
<tr><td rowspan="2">到达活动场地</td><td>能够按照计划到达活动场地</td><td></td><td></td><td></td><td colspan="2"></td></tr>
<tr><td>能够带领同伴按照计划到达活动场地</td><td></td><td></td><td></td><td colspan="2"></td></tr>
<tr><td>遵守游戏规则</td><td>能与协商制定并遵守游戏规则</td><td></td><td></td><td></td><td colspan="2"></td></tr>
<tr><td>游戏持续时间</td><td>参与活动持续时间较长,专注度较高</td><td></td><td></td><td></td><td colspan="2"></td></tr>
<tr><td rowspan="2">玩法创新</td><td>熟练运用已有经验进行游戏</td><td></td><td></td><td></td><td colspan="2"></td></tr>
<tr><td>主动探究,尝试新玩法</td><td></td><td></td><td></td><td colspan="2"></td></tr>
<tr><td rowspan="3">与同伴
游戏合作</td><td>较好地与同伴合作游戏</td><td></td><td></td><td></td><td colspan="2"></td></tr>
<tr><td>能够与同伴合作游戏</td><td></td><td></td><td></td><td colspan="2"></td></tr>
<tr><td>独自游戏</td><td></td><td></td><td></td><td colspan="2"></td></tr>
<tr><td rowspan="3">问题处理</td><td>能够自己独立解决问题</td><td></td><td></td><td></td><td colspan="2"></td></tr>
<tr><td>向教师求助解决</td><td></td><td></td><td></td><td colspan="2"></td></tr>
<tr><td>与同伴协商解决</td><td></td><td></td><td></td><td colspan="2"></td></tr>
<tr><td>玩具收纳</td><td>游戏结束能主动收纳玩具,并按分类标记摆放</td><td></td><td></td><td></td><td colspan="2"></td></tr>
<tr><td>现象分析</td><td colspan="6"></td></tr>
<tr><td>整改策略</td><td colspan="6"></td></tr>
</table>

备注:达到就在"达到"处打"√",未达到就在"未达到"处打"√"。

幼儿区域活动观察评价表

区域活动名称				日期			
幼儿姓名		性别		年龄			
类目	项目			经常	一般	很少	从未
自主性	1. 能独立完成一项活动						
	2. 会主动选择活动						
	3. 能主动收拾玩具						
	4. 分享活动时能主动提出自己的看法						
注意力	1. 能够参与该区活动达 5～10 分钟						
	2. 认真思考解决问题						
	3. 不受周围环境影响						
合作性	1. 能与同伴交流						
	2. 能与同伴合作完成一项活动						
	3. 遵守集体游戏规则						
	4. 会轮流使用活动材料						
创造力	1. 会利用不同的材料做整体的造型						
	2. 不重复自己的活动						
	3. 能提出解决问题的方法						
	4. 能提供不同的答案						
评价							

幼儿区域活动观察评价表

区域活动名称				日期			
幼儿姓名		性别		年龄			
类目	项目			经常	一般	很少	从未
自主性	1. 能独立完成一项活动						
	2. 会主动选择活动						
	3. 能主动收拾玩具						
	4. 分享活动时能主动提出自己的看法						
注意力	1. 能够参与该区活动达 5～10 分钟						
	2. 认真思考解决问题						
	3. 不受周围环境影响						
合作性	1. 能与同伴交流						
	2. 能与同伴合作完成一项活动						
	3. 遵守集体游戏规则						
	4. 会轮流使用活动材料						
创造力	1. 会利用不同的材料做整体的造型						
	2. 不重复自己的活动						
	3. 能提出解决问题的方法						
	4. 能提供不同的答案						
评价							

幼儿区域活动观察评价表

区域活动名称		日期			
幼儿姓名	性别		年龄		
类目	项目	经常	一般	很少	从未
自主性	1. 能独立完成一项活动				
	2. 会主动选择活动				
	3. 能主动收拾玩具				
	4. 分享活动时能主动提出自己的看法				
注意力	1. 能够参与该区活动达 5～10 分钟				
	2. 认真思考解决问题				
	3. 不受周围环境影响				
合作性	1. 能与同伴交流				
	2. 能与同伴合作完成一项活动				
	3. 遵守集体游戏规则				
	4. 会轮流使用活动材料				
创造力	1. 会利用不同的材料做整体的造型				
	2. 不重复自己的活动				
	3. 能提出解决问题的方法				
	4. 能提供不同的答案				
评价					

幼儿区域活动观察评价表

<table>
<tr><td>区域活动名称</td><td colspan="3"></td><td>日期</td><td colspan="2"></td></tr>
<tr><td>幼儿姓名</td><td></td><td>性别</td><td></td><td>年龄</td><td colspan="2"></td></tr>
<tr><td>类目</td><td colspan="3">项目</td><td>经常</td><td>一般</td><td>很少</td><td>从未</td></tr>
<tr><td rowspan="4">自主性</td><td colspan="3">1. 能独立完成一项活动</td><td></td><td></td><td></td><td></td></tr>
<tr><td colspan="3">2. 会主动选择活动</td><td></td><td></td><td></td><td></td></tr>
<tr><td colspan="3">3. 能主动收拾玩具</td><td></td><td></td><td></td><td></td></tr>
<tr><td colspan="3">4. 分享活动时能主动提出自己的看法</td><td></td><td></td><td></td><td></td></tr>
<tr><td rowspan="3">注意力</td><td colspan="3">1. 能够参与该区活动达 5～10 分钟</td><td></td><td></td><td></td><td></td></tr>
<tr><td colspan="3">2. 认真思考解决问题</td><td></td><td></td><td></td><td></td></tr>
<tr><td colspan="3">3. 不受周围环境影响</td><td></td><td></td><td></td><td></td></tr>
<tr><td rowspan="4">合作性</td><td colspan="3">1. 能与同伴交流</td><td></td><td></td><td></td><td></td></tr>
<tr><td colspan="3">2. 能与同伴合作完成一项活动</td><td></td><td></td><td></td><td></td></tr>
<tr><td colspan="3">3. 遵守集体游戏规则</td><td></td><td></td><td></td><td></td></tr>
<tr><td colspan="3">4. 会轮流使用活动材料</td><td></td><td></td><td></td><td></td></tr>
<tr><td rowspan="4">创造力</td><td colspan="3">1. 会利用不同的材料做整体的造型</td><td></td><td></td><td></td><td></td></tr>
<tr><td colspan="3">2. 不重复自己的活动</td><td></td><td></td><td></td><td></td></tr>
<tr><td colspan="3">3. 能提出解决问题的方法</td><td></td><td></td><td></td><td></td></tr>
<tr><td colspan="3">4. 能提供不同的答案</td><td></td><td></td><td></td><td></td></tr>
<tr><td>评价</td><td colspan="7"></td></tr>
</table>

幼儿区域活动观察记录分析表

观察日期		观察时间与时长	
观察班级		观察区域	
区域材料			
观察对象			
观察实录			
教师支持与策略			
分析			
建议			

幼儿区域活动观察记录分析表

观察日期		观察时间与时长	
观察班级		观察区域	
区域材料			
观察对象			
观察实录			
教师支持与策略			
分析			
建议			

幼儿行为观察记录表

<table>
<tr><td>观察时间</td><td colspan="2"></td><td>观察时长</td><td></td></tr>
<tr><td rowspan="3">观察对象
姓名、年龄、
性别</td><td>幼儿 1</td><td colspan="3"></td></tr>
<tr><td>幼儿 2</td><td colspan="3"></td></tr>
<tr><td>幼儿 3</td><td colspan="3"></td></tr>
<tr><td>活动场地</td><td colspan="4">简要描述观察的环境、材料等</td></tr>
<tr><td>观察实录</td><td colspan="4">具体描述在真实情景中幼儿学习、探究的实际行为</td></tr>
<tr><td>现象分析</td><td colspan="4">结合《指南》等内容,解读、评价幼儿的行为</td></tr>
<tr><td>教育措施</td><td colspan="4">提出下一步的指导计划</td></tr>
</table>

幼儿行为观察记录表

<table>
<tr><td>观察时间</td><td></td><td>观察时长</td><td></td></tr>
<tr><td rowspan="3">观察对象
姓名、年龄、
性别</td><td>幼儿 1</td><td colspan="2"></td></tr>
<tr><td>幼儿 2</td><td colspan="2"></td></tr>
<tr><td>幼儿 3</td><td colspan="2"></td></tr>
<tr><td>活动场地</td><td colspan="3">简要描述观察的环境、材料等</td></tr>
<tr><td>观察实录</td><td colspan="3">具体描述在真实情景中幼儿学习、探究的实际行为</td></tr>
<tr><td>现象分析</td><td colspan="3">结合《指南》等内容,解读、评价幼儿的行为</td></tr>
<tr><td>教育措施</td><td colspan="3">提出下一步的指导计划</td></tr>
</table>

幼儿个案观察记录分析表

观察时间		观察对象	
对象年龄	岁　　月	对象性别	
幼儿基本情况			
家庭背景分析			
观察目标			
活动内容		观察地点	
典型行为描述			

分析与研究	
拟采用的措施	
指导教师评价：	

幼儿个案观察记录分析表

观察时间		观察对象	
对象年龄	岁　　月	对象性别	
幼儿基本情况			
家庭背景分析			
观察目标			
活动内容		观察地点	
典型行为描述			

分析与研究	
拟采用的措施	
指导教师评价：	

教育案例

故事的发生	详细记录案例发生的时间、地点、人物和起因等要素
实录	根据实际情节进行细节描写，凸显焦点，着重描述幼儿的心理，教师的教育行为、策略与结果等

主要问题分析	阐述解决问题的利弊得失
案例反思	反思对教育的启示或醒悟，引出更深层次的探讨

教育案例

故事的发生	详细记录案例发生的时间、地点、人物和起因等要素
实录	根据实际情节进行细节描写，凸显焦点，着重描述幼儿的心理，教师的教育行为、策略与结果等

主要问题分析	阐述解决问题的利弊得失
案例反思	反思对教育的启示或醒悟，引出更深层次的探讨

幼儿园大型活动记录分析表

地点		参与对象		人数	
主题					
形式					
过程					
效果分析					
建议					

备注：幼儿园大型活动是指有较大规模、形式多样、由全体幼儿参加或邀请家长一起参加的集体活动。主要包括节日活动、参观访问、纪念活动、亲子活动、家长助教、春游秋游、运动会等。

幼儿园大型活动记录分析表

<table>
<tr><td>地点</td><td></td><td>参与对象</td><td></td><td>人数</td><td></td></tr>
<tr><td>主题</td><td colspan="5"></td></tr>
<tr><td>形式</td><td colspan="5"></td></tr>
<tr><td>过程</td><td colspan="5"></td></tr>
<tr><td>效果分析</td><td colspan="5"></td></tr>
<tr><td>建议</td><td colspan="5"></td></tr>
</table>

备注：幼儿园大型活动是指有较大规模、形式多样、由全体幼儿参加或邀请家长一起参加的集体活动。主要包括节日活动、参观访问、纪念活动、亲子活动、家长助教、春游秋游、运动会等。

幼儿园集体教育活动评析

表 1　集体教育活动记录分析表

<table>
<tr><td>活动班级</td><td></td><td>执教教师</td><td></td><td>活动时间</td><td></td></tr>
<tr><td>活动领域</td><td></td><td>活动名称</td><td colspan="3"></td></tr>
<tr><td>活动目标</td><td colspan="5"></td></tr>
<tr><td>活动准备</td><td colspan="5"></td></tr>
<tr><td colspan="4">活动过程</td><td colspan="2">即时评价</td></tr>
<tr><td colspan="4"></td><td colspan="2"></td></tr>
</table>

存在问题及疑惑		
分析与评价		

表 2　集体教育活动互动情况记录表

班级		活动领域				活动名称						
互动类型	互动性质	互动行为	观察到的次数									
			幼儿 1		幼儿 2		幼儿 3		幼儿 4		幼儿 5	
			男	女	男	女	男	女	男	女	男	女
师幼互动	上行型互动	请求										
		征询										
		展示										
		汇报										
		寻求帮助和指导										
		其他										
	下行型互动	要求										
		指令										
		提醒										
		约束										
		帮助指导和照顾										
		其他										
	平行型互动	发表个人见解										
		共同游戏										
		提问										
		替教师做事										
		其他										
幼幼互动	被动型互动	讨论、交流										
		帮助他人										
		共同游戏										
		其他										
	主动型互动	讨论、交流										
		帮助他人										
		共同游戏										
		其他										
与环境材料的互动	有意型互动	观察										
		操作										
		其他										
	无意型互动	观察										
		操作										
		其他										

备注：用“正”字记录次数。

附:活动互动操作定义

互动类型	互动性质	操作定义
师幼互动	上行型互动	幼儿主动向教师发出请求、征询、展示、汇报,寻求帮助和指导等互动内容。
	下行型互动	多是教师对幼儿发出要求、指令、提醒、约束,帮助指导和照顾等互动内容。
	平行型互动	幼儿乐于发表个人见解和教师共同游戏、主动表述客观现象、提问和主动替教师做事等互动内容。
幼幼互动	被动型互动	幼儿在教师的要求、指令下,发生的分享、合作、共同游戏等互动内容。
	主动型互动	幼儿因自身需求而发生的分享、合作、共同游戏等互动内容。
与材料环境的互动	有意型互动	幼儿在活动中为完成任务而发生的有目的、有计划的互动内容。
	无意型互动	幼儿在活动中与环境材料发生的无目的的摆弄、操作等互动内容。

表3 集体教育活动观察评价记录表

班级			执教教师		
活动领域			活动名称		
项目	评价要点	评价等级			
		优	良	中	
活动目标	1. 符合幼儿年龄特点与发展要求				
	2. 重视情感、态度、知识、能力的培养，体现教育的整体性				
	3. 具体、明确，切实可行，易于衡量				
活动内容	1. 符合幼儿的现有水平，有一定的挑战性				
	2. 贴近幼儿的现实生活，能引发幼儿的有效学习				
	3. 活动内容与知识概念科学、准确				
	4. 教学内容适中，有利于目标的落实				
活动过程	1. 合理利用现有教育资源，教玩具使用科学、合理、有效				
	2. 问题的提出具有启发性，有利于引发幼儿进一步学习与思考				
	3. 教学方法具有直观性、趣味性，能做到游戏化				
	4. 灵活运用集体、小组、个别等组织形式				
	5. 能采取分层策略和游戏形式来突破活动重难点				
	6. 重视对幼儿“自主、合作、探究”学习方式的引导，体现积极有效的师幼互动、幼幼互动				
	7. 面向全体幼儿，关注个体差异，因材施教				
	8. 营造关爱、平等、民主、和谐、宽容与支持的学习氛围				
	9. 具有将教学活动向其他领域(或家庭)渗透的意识				
活动效果	1. 幼儿积极主动，轻松愉快				
	2. 活动气氛活跃，富有活力				
	3. 教学活动具有时效性				
	4. 活动目标完成情况良好				
教师素质	1. 敏感地察觉幼儿的表现和反应，及时予以恰当的方式应答				
	2. 语言清晰简练，富有吸引力				
	3. 教态亲切自然，衣着得体，举止从容				
	4. 时间控制适宜				

幼儿园集体教育活动评析

表 1　集体教育活动记录分析表

活动班级		执教教师		活动时间	
活动领域		活动名称			
活动目标					
活动准备					
活动过程			即时评价		

存在问题及疑惑	
分析与评价	

表 2　集体教育活动互动情况记录表

班级		活动领域			活动名称							
互动类型	互动性质	互动行为	观察到的次数									
			幼儿 1		幼儿 2		幼儿 3		幼儿 4		幼儿 5	
			男	女	男	女	男	女	男	女	男	女
师幼互动	上行型互动	请求										
		征询										
		展示										
		汇报										
		寻求帮助和指导										
		其他										
	下行型互动	要求										
		指令										
		提醒										
		约束										
		帮助指导和照顾										
		其他										
	平行型互动	发表个人见解										
		共同游戏										
		提问										
		替教师做事										
		其他										
幼幼互动	被动型互动	讨论、交流										
		帮助他人										
		共同游戏										
		其他										
	主动型互动	讨论、交流										
		帮助他人										
		共同游戏										
		其他										
与环境材料的互动	有意型互动	观察										
		操作										
		其他										
	无意型互动	观察										
		操作										
		其他										

备注：用“正”字记录次数

表3 集体教育活动观察评价记录表

<table>
<tr><td colspan="2">班级</td><td></td><td>执教教师</td><td colspan="3"></td></tr>
<tr><td colspan="2">活动领域</td><td></td><td>活动名称</td><td colspan="3"></td></tr>
<tr><td rowspan="2">项目</td><td colspan="3" rowspan="2">评价要点</td><td colspan="3">评价等级</td></tr>
<tr><td>优</td><td>良</td><td>中</td></tr>
<tr><td rowspan="3">活动目标</td><td colspan="3">1. 符合幼儿年龄特点与发展要求</td><td></td><td></td><td></td></tr>
<tr><td colspan="3">2. 重视情感、态度、知识、能力的培养，体现教育的整体性</td><td></td><td></td><td></td></tr>
<tr><td colspan="3">3. 具体、明确，切实可行，易于衡量</td><td></td><td></td><td></td></tr>
<tr><td rowspan="4">活动内容</td><td colspan="3">1. 符合幼儿的现有水平，有一定的挑战性</td><td></td><td></td><td></td></tr>
<tr><td colspan="3">2. 贴近幼儿的现实生活，能引发幼儿的有效学习</td><td></td><td></td><td></td></tr>
<tr><td colspan="3">3. 活动内容与知识概念科学、准确</td><td></td><td></td><td></td></tr>
<tr><td colspan="3">4. 教学内容适中，有利于目标的落实</td><td></td><td></td><td></td></tr>
<tr><td rowspan="9">活动过程</td><td colspan="3">1. 合理利用现有教育资源，教玩具使用科学、合理、有效</td><td></td><td></td><td></td></tr>
<tr><td colspan="3">2. 问题的提出具有启发性，有利于引发幼儿进一步学习与思考</td><td></td><td></td><td></td></tr>
<tr><td colspan="3">3. 教学方法具有直观性、趣味性，能做到游戏化</td><td></td><td></td><td></td></tr>
<tr><td colspan="3">4. 灵活运用集体、小组、个别等组织形式</td><td></td><td></td><td></td></tr>
<tr><td colspan="3">5. 能采取分层策略和游戏形式来突破活动重难点</td><td></td><td></td><td></td></tr>
<tr><td colspan="3">6. 重视对幼儿“自主、合作、探究”学习方式的引导，体现积极有效的师幼互动、幼幼互动</td><td></td><td></td><td></td></tr>
<tr><td colspan="3">7. 面向全体幼儿，关注个体差异，因材施教</td><td></td><td></td><td></td></tr>
<tr><td colspan="3">8. 营造关爱、平等、民主、和谐、宽容与支持的学习氛围</td><td></td><td></td><td></td></tr>
<tr><td colspan="3">9. 具有将教学活动向其他领域(或家庭)渗透的意识</td><td></td><td></td><td></td></tr>
<tr><td rowspan="4">活动效果</td><td colspan="3">1. 幼儿积极主动，轻松愉快</td><td></td><td></td><td></td></tr>
<tr><td colspan="3">2. 活动气氛活跃，富有活力</td><td></td><td></td><td></td></tr>
<tr><td colspan="3">3. 教学活动具有时效性</td><td></td><td></td><td></td></tr>
<tr><td colspan="3">4. 活动目标完成情况良好</td><td></td><td></td><td></td></tr>
<tr><td rowspan="4">教师素质</td><td colspan="3">1. 敏感地察觉幼儿的表现和反应，及时予以恰当的方式应答</td><td></td><td></td><td></td></tr>
<tr><td colspan="3">2. 语言清晰简练，富有吸引力</td><td></td><td></td><td></td></tr>
<tr><td colspan="3">3. 教态亲切自然，衣着得体，举止从容</td><td></td><td></td><td></td></tr>
<tr><td colspan="3">4. 时间控制适宜</td><td></td><td></td><td></td></tr>
</table>

幼儿园集体教育活动评析

表1　集体教育活动记录分析表

<table>
<tr><td>活动班级</td><td></td><td>执教教师</td><td></td><td>活动时间</td><td></td></tr>
<tr><td>活动领域</td><td></td><td>活动名称</td><td colspan="3"></td></tr>
<tr><td>活动目标</td><td colspan="5"></td></tr>
<tr><td>活动准备</td><td colspan="5"></td></tr>
<tr><td colspan="4">活动过程</td><td colspan="2">即时评价</td></tr>
<tr><td colspan="4"></td><td colspan="2"></td></tr>
</table>

存在问题及疑惑		
分析与评价		

表 2　集体教育活动互动情况记录表

班级		活动领域				活动名称						
互动类型	互动性质	互动行为	观察到的次数									
			幼儿 1		幼儿 2		幼儿 3		幼儿 4		幼儿 5	
			男	女	男	女	男	女	男	女	男	女
师幼互动	上行型互动	请求										
		征询										
		展示										
		汇报										
		寻求帮助和指导										
		其他										
	下行型互动	要求										
		指令										
		提醒										
		约束										
		帮助指导和照顾										
		其他										
	平行型互动	发表个人见解										
		共同游戏										
		提问										
		替教师做事										
		其他										
幼幼互动	被动型互动	讨论、交流										
		帮助他人										
		共同游戏										
		其他										
	主动型互动	讨论、交流										
		帮助他人										
		共同游戏										
		其他										
与环境材料的互动	有意型互动	观察										
		操作										
		其他										
	无意型互动	观察										
		操作										
		其他										

备注：用“正”字记录次数

表3 集体教育活动观察评价记录表

<table>
<tr><td colspan="2">班级</td><td></td><td>执教教师</td><td colspan="3"></td></tr>
<tr><td colspan="2">活动领域</td><td></td><td>活动名称</td><td colspan="3"></td></tr>
<tr><td rowspan="2">项目</td><td colspan="3" rowspan="2">评价要点</td><td colspan="3">评价等级</td></tr>
<tr><td>优</td><td>良</td><td>中</td></tr>
<tr><td rowspan="3">活动目标</td><td colspan="3">1. 符合幼儿年龄特点与发展要求</td><td></td><td></td><td></td></tr>
<tr><td colspan="3">2. 重视情感、态度、知识、能力的培养，体现教育的整体性</td><td></td><td></td><td></td></tr>
<tr><td colspan="3">3. 具体、明确，切实可行，易于衡量</td><td></td><td></td><td></td></tr>
<tr><td rowspan="4">活动内容</td><td colspan="3">1. 符合幼儿的现有水平，有一定的挑战性</td><td></td><td></td><td></td></tr>
<tr><td colspan="3">2. 贴近幼儿的现实生活，能引发幼儿的有效学习</td><td></td><td></td><td></td></tr>
<tr><td colspan="3">3. 活动内容与知识概念科学、准确</td><td></td><td></td><td></td></tr>
<tr><td colspan="3">4. 教学内容适中，有利于目标的落实</td><td></td><td></td><td></td></tr>
<tr><td rowspan="9">活动过程</td><td colspan="3">1. 合理利用现有教育资源，教玩具使用科学、合理、有效</td><td></td><td></td><td></td></tr>
<tr><td colspan="3">2. 问题的提出具有启发性，有利于引发幼儿进一步学习与思考</td><td></td><td></td><td></td></tr>
<tr><td colspan="3">3. 教学方法具有直观性、趣味性，能做到游戏化</td><td></td><td></td><td></td></tr>
<tr><td colspan="3">4. 灵活运用集体、小组、个别等组织形式</td><td></td><td></td><td></td></tr>
<tr><td colspan="3">5. 能采取分层策略和游戏形式来突破活动重难点</td><td></td><td></td><td></td></tr>
<tr><td colspan="3">6. 重视对幼儿“自主、合作、探究”学习方式的引导，体现积极有效的师幼互动、幼幼互动</td><td></td><td></td><td></td></tr>
<tr><td colspan="3">7. 面向全体幼儿，关注个体差异，因材施教</td><td></td><td></td><td></td></tr>
<tr><td colspan="3">8. 营造关爱、平等、民主、和谐、宽容与支持的学习氛围</td><td></td><td></td><td></td></tr>
<tr><td colspan="3">9. 具有将教学活动向其他领域(或家庭)渗透的意识</td><td></td><td></td><td></td></tr>
<tr><td rowspan="4">活动效果</td><td colspan="3">1. 幼儿积极主动，轻松愉快</td><td></td><td></td><td></td></tr>
<tr><td colspan="3">2. 活动气氛活跃，富有活力</td><td></td><td></td><td></td></tr>
<tr><td colspan="3">3. 教学活动具有时效性</td><td></td><td></td><td></td></tr>
<tr><td colspan="3">4. 活动目标完成情况良好</td><td></td><td></td><td></td></tr>
<tr><td rowspan="4">教师素质</td><td colspan="3">1. 敏感地察觉幼儿的表现和反应，及时予以恰当的方式应答</td><td></td><td></td><td></td></tr>
<tr><td colspan="3">2. 语言清晰简练，富有吸引力</td><td></td><td></td><td></td></tr>
<tr><td colspan="3">3. 教态亲切自然，衣着得体，举止从容</td><td></td><td></td><td></td></tr>
<tr><td colspan="3">4. 时间控制适宜</td><td></td><td></td><td></td></tr>
</table>

幼儿园集体教育活动评析

表 1 集体教育活动记录分析表

<table>
<tr><td>活动班级</td><td></td><td>执教教师</td><td></td><td>活动时间</td><td></td></tr>
<tr><td>活动领域</td><td></td><td>活动名称</td><td colspan="3"></td></tr>
<tr><td>活动目标</td><td colspan="5"></td></tr>
<tr><td>活动准备</td><td colspan="5"></td></tr>
<tr><td colspan="4">活动过程</td><td colspan="2">即时评价</td></tr>
<tr><td colspan="4"></td><td colspan="2"></td></tr>
</table>

存在问题及疑惑		
分析与评价		

表 2　集体教育活动互动情况记录表

<table>
<tr><td>班级</td><td colspan="2"></td><td>活动领域</td><td colspan="4"></td><td>活动名称</td><td colspan="4"></td></tr>
<tr><td rowspan="3">互动类型</td><td rowspan="3">互动性质</td><td rowspan="3" colspan="2">互动行为</td><td colspan="10">观察到的次数</td></tr>
<tr><td colspan="2">幼儿 1</td><td colspan="2">幼儿 2</td><td colspan="2">幼儿 3</td><td colspan="2">幼儿 4</td><td colspan="2">幼儿 5</td></tr>
<tr><td>男</td><td>女</td><td>男</td><td>女</td><td>男</td><td>女</td><td>男</td><td>女</td><td>男</td><td>女</td></tr>
<tr><td rowspan="17">师幼互动</td><td rowspan="6">上行型互动</td><td colspan="2">请求</td><td></td><td></td><td></td><td></td><td></td><td></td><td></td><td></td><td></td><td></td></tr>
<tr><td colspan="2">征询</td><td></td><td></td><td></td><td></td><td></td><td></td><td></td><td></td><td></td><td></td></tr>
<tr><td colspan="2">展示</td><td></td><td></td><td></td><td></td><td></td><td></td><td></td><td></td><td></td><td></td></tr>
<tr><td colspan="2">汇报</td><td></td><td></td><td></td><td></td><td></td><td></td><td></td><td></td><td></td><td></td></tr>
<tr><td colspan="2">寻求帮助和指导</td><td></td><td></td><td></td><td></td><td></td><td></td><td></td><td></td><td></td><td></td></tr>
<tr><td colspan="2">其他</td><td></td><td></td><td></td><td></td><td></td><td></td><td></td><td></td><td></td><td></td></tr>
<tr><td rowspan="6">下行型互动</td><td colspan="2">要求</td><td></td><td></td><td></td><td></td><td></td><td></td><td></td><td></td><td></td><td></td></tr>
<tr><td colspan="2">指令</td><td></td><td></td><td></td><td></td><td></td><td></td><td></td><td></td><td></td><td></td></tr>
<tr><td colspan="2">提醒</td><td></td><td></td><td></td><td></td><td></td><td></td><td></td><td></td><td></td><td></td></tr>
<tr><td colspan="2">约束</td><td></td><td></td><td></td><td></td><td></td><td></td><td></td><td></td><td></td><td></td></tr>
<tr><td colspan="2">帮助指导和照顾</td><td></td><td></td><td></td><td></td><td></td><td></td><td></td><td></td><td></td><td></td></tr>
<tr><td colspan="2">其他</td><td></td><td></td><td></td><td></td><td></td><td></td><td></td><td></td><td></td><td></td></tr>
<tr><td rowspan="5">平行型互动</td><td colspan="2">发表个人见解</td><td></td><td></td><td></td><td></td><td></td><td></td><td></td><td></td><td></td><td></td></tr>
<tr><td colspan="2">共同游戏</td><td></td><td></td><td></td><td></td><td></td><td></td><td></td><td></td><td></td><td></td></tr>
<tr><td colspan="2">提问</td><td></td><td></td><td></td><td></td><td></td><td></td><td></td><td></td><td></td><td></td></tr>
<tr><td colspan="2">替教师做事</td><td></td><td></td><td></td><td></td><td></td><td></td><td></td><td></td><td></td><td></td></tr>
<tr><td colspan="2">其他</td><td></td><td></td><td></td><td></td><td></td><td></td><td></td><td></td><td></td><td></td></tr>
<tr><td rowspan="8">幼幼互动</td><td rowspan="4">被动型互动</td><td colspan="2">讨论、交流</td><td></td><td></td><td></td><td></td><td></td><td></td><td></td><td></td><td></td><td></td></tr>
<tr><td colspan="2">帮助他人</td><td></td><td></td><td></td><td></td><td></td><td></td><td></td><td></td><td></td><td></td></tr>
<tr><td colspan="2">共同游戏</td><td></td><td></td><td></td><td></td><td></td><td></td><td></td><td></td><td></td><td></td></tr>
<tr><td colspan="2">其他</td><td></td><td></td><td></td><td></td><td></td><td></td><td></td><td></td><td></td><td></td></tr>
<tr><td rowspan="4">主动型互动</td><td colspan="2">讨论、交流</td><td></td><td></td><td></td><td></td><td></td><td></td><td></td><td></td><td></td><td></td></tr>
<tr><td colspan="2">帮助他人</td><td></td><td></td><td></td><td></td><td></td><td></td><td></td><td></td><td></td><td></td></tr>
<tr><td colspan="2">共同游戏</td><td></td><td></td><td></td><td></td><td></td><td></td><td></td><td></td><td></td><td></td></tr>
<tr><td colspan="2">其他</td><td></td><td></td><td></td><td></td><td></td><td></td><td></td><td></td><td></td><td></td></tr>
<tr><td rowspan="6">与环境材料的互动</td><td rowspan="3">有意型互动</td><td colspan="2">观察</td><td></td><td></td><td></td><td></td><td></td><td></td><td></td><td></td><td></td><td></td></tr>
<tr><td colspan="2">操作</td><td></td><td></td><td></td><td></td><td></td><td></td><td></td><td></td><td></td><td></td></tr>
<tr><td colspan="2">其他</td><td></td><td></td><td></td><td></td><td></td><td></td><td></td><td></td><td></td><td></td></tr>
<tr><td rowspan="3">无意型互动</td><td colspan="2">观察</td><td></td><td></td><td></td><td></td><td></td><td></td><td></td><td></td><td></td><td></td></tr>
<tr><td colspan="2">操作</td><td></td><td></td><td></td><td></td><td></td><td></td><td></td><td></td><td></td><td></td></tr>
<tr><td colspan="2">其他</td><td></td><td></td><td></td><td></td><td></td><td></td><td></td><td></td><td></td><td></td></tr>
</table>

备注：用“正”字记录次数

表3　集体教育活动观察评价记录表

班级		执教教师			
活动领域		活动名称			
项目	评价要点		评价等级		
			优	良	中
活动目标	1. 符合幼儿年龄特点与发展要求				
	2. 重视情感、态度、知识、能力的培养，体现教育的整体性				
	3. 具体、明确，切实可行，易于衡量				
活动内容	1. 符合幼儿的现有水平，有一定的挑战性				
	2. 贴近幼儿的现实生活，能引发幼儿的有效学习				
	3. 活动内容与知识概念科学、准确				
	4. 教学内容适中，有利于目标的落实				
活动过程	1. 合理利用现有教育资源，教玩具使用科学、合理、有效				
	2. 问题的提出具有启发性，有利于引发幼儿进一步学习与思考				
	3. 教学方法具有直观性、趣味性，能做到游戏化				
	4. 灵活运用集体、小组、个别等组织形式				
	5. 能采取分层策略和游戏形式来突破活动重难点				
	6. 重视对幼儿“自主、合作、探究”学习方式的引导，体现积极有效的师幼互动、幼幼互动				
	7. 面向全体幼儿，关注个体差异，因材施教				
	8. 营造关爱、平等、民主、和谐、宽容与支持的学习氛围				
	9. 具有将教学活动向其他领域（或家庭）渗透的意识				
活动效果	1. 幼儿积极主动，轻松愉快				
	2. 活动气氛活跃，富有活力				
	3. 教学活动具有时效性				
	4. 活动目标完成情况良好				
教师素质	1. 敏感地察觉幼儿的表现和反应，及时予以恰当的方式应答				
	2. 语言清晰简练，富有吸引力				
	3. 教态亲切自然，衣着得体，举止从容				
	4. 时间控制适宜				

幼儿园集体教育活动评析

表 1　集体教育活动记录分析表

活动班级		执教教师		活动时间	
活动领域		活动名称			
活动目标					
活动准备					

活动过程	即时评价

存在问题及疑惑	
分析与评价	

表 2 集体教育活动互动情况记录表

<table>
<tr><td>班级</td><td colspan="2"></td><td colspan="4">活动领域</td><td colspan="3"></td><td colspan="2">活动名称</td><td colspan="3"></td></tr>
<tr><td rowspan="3">互动类型</td><td rowspan="3">互动性质</td><td rowspan="3">互动行为</td><td colspan="10">观察到的次数</td></tr>
<tr><td colspan="2">幼儿 1</td><td colspan="2">幼儿 2</td><td colspan="2">幼儿 3</td><td colspan="2">幼儿 4</td><td colspan="2">幼儿 5</td></tr>
<tr><td>男</td><td>女</td><td>男</td><td>女</td><td>男</td><td>女</td><td>男</td><td>女</td><td>男</td><td>女</td></tr>
<tr><td rowspan="17">师幼互动</td><td rowspan="6">上行型互动</td><td>请求</td><td></td><td></td><td></td><td></td><td></td><td></td><td></td><td></td><td></td><td></td></tr>
<tr><td>征询</td><td></td><td></td><td></td><td></td><td></td><td></td><td></td><td></td><td></td><td></td></tr>
<tr><td>展示</td><td></td><td></td><td></td><td></td><td></td><td></td><td></td><td></td><td></td><td></td></tr>
<tr><td>汇报</td><td></td><td></td><td></td><td></td><td></td><td></td><td></td><td></td><td></td><td></td></tr>
<tr><td>寻求帮助和指导</td><td></td><td></td><td></td><td></td><td></td><td></td><td></td><td></td><td></td><td></td></tr>
<tr><td>其他</td><td></td><td></td><td></td><td></td><td></td><td></td><td></td><td></td><td></td><td></td></tr>
<tr><td rowspan="6">下行型互动</td><td>要求</td><td></td><td></td><td></td><td></td><td></td><td></td><td></td><td></td><td></td><td></td></tr>
<tr><td>指令</td><td></td><td></td><td></td><td></td><td></td><td></td><td></td><td></td><td></td><td></td></tr>
<tr><td>提醒</td><td></td><td></td><td></td><td></td><td></td><td></td><td></td><td></td><td></td><td></td></tr>
<tr><td>约束</td><td></td><td></td><td></td><td></td><td></td><td></td><td></td><td></td><td></td><td></td></tr>
<tr><td>帮助指导和照顾</td><td></td><td></td><td></td><td></td><td></td><td></td><td></td><td></td><td></td><td></td></tr>
<tr><td>其他</td><td></td><td></td><td></td><td></td><td></td><td></td><td></td><td></td><td></td><td></td></tr>
<tr><td rowspan="5">平行型互动</td><td>发表个人见解</td><td></td><td></td><td></td><td></td><td></td><td></td><td></td><td></td><td></td><td></td></tr>
<tr><td>共同游戏</td><td></td><td></td><td></td><td></td><td></td><td></td><td></td><td></td><td></td><td></td></tr>
<tr><td>提问</td><td></td><td></td><td></td><td></td><td></td><td></td><td></td><td></td><td></td><td></td></tr>
<tr><td>替教师做事</td><td></td><td></td><td></td><td></td><td></td><td></td><td></td><td></td><td></td><td></td></tr>
<tr><td>其他</td><td></td><td></td><td></td><td></td><td></td><td></td><td></td><td></td><td></td><td></td></tr>
<tr><td rowspan="8">幼幼互动</td><td rowspan="4">被动型互动</td><td>讨论、交流</td><td></td><td></td><td></td><td></td><td></td><td></td><td></td><td></td><td></td><td></td></tr>
<tr><td>帮助他人</td><td></td><td></td><td></td><td></td><td></td><td></td><td></td><td></td><td></td><td></td></tr>
<tr><td>共同游戏</td><td></td><td></td><td></td><td></td><td></td><td></td><td></td><td></td><td></td><td></td></tr>
<tr><td>其他</td><td></td><td></td><td></td><td></td><td></td><td></td><td></td><td></td><td></td><td></td></tr>
<tr><td rowspan="4">主动型互动</td><td>讨论、交流</td><td></td><td></td><td></td><td></td><td></td><td></td><td></td><td></td><td></td><td></td></tr>
<tr><td>帮助他人</td><td></td><td></td><td></td><td></td><td></td><td></td><td></td><td></td><td></td><td></td></tr>
<tr><td>共同游戏</td><td></td><td></td><td></td><td></td><td></td><td></td><td></td><td></td><td></td><td></td></tr>
<tr><td>其他</td><td></td><td></td><td></td><td></td><td></td><td></td><td></td><td></td><td></td><td></td></tr>
<tr><td rowspan="6">与环境材料的互动</td><td rowspan="3">有意型互动</td><td>观察</td><td></td><td></td><td></td><td></td><td></td><td></td><td></td><td></td><td></td><td></td></tr>
<tr><td>操作</td><td></td><td></td><td></td><td></td><td></td><td></td><td></td><td></td><td></td><td></td></tr>
<tr><td>其他</td><td></td><td></td><td></td><td></td><td></td><td></td><td></td><td></td><td></td><td></td></tr>
<tr><td rowspan="3">无意型互动</td><td>观察</td><td></td><td></td><td></td><td></td><td></td><td></td><td></td><td></td><td></td><td></td></tr>
<tr><td>操作</td><td></td><td></td><td></td><td></td><td></td><td></td><td></td><td></td><td></td><td></td></tr>
<tr><td>其他</td><td></td><td></td><td></td><td></td><td></td><td></td><td></td><td></td><td></td><td></td></tr>
</table>

备注：用“正”字记录次数

表3 集体教育活动观察评价记录表

<table>
<tr><td colspan="2">班级</td><td></td><td>执教教师</td><td colspan="2"></td></tr>
<tr><td colspan="2">活动领域</td><td></td><td>活动名称</td><td colspan="2"></td></tr>
<tr><td rowspan="2">项目</td><td colspan="2" rowspan="2">评价要点</td><td colspan="3">评价等级</td></tr>
<tr><td>优</td><td>良</td><td>中</td></tr>
<tr><td rowspan="3">活动目标</td><td colspan="2">1. 符合幼儿年龄特点与发展要求</td><td></td><td></td><td></td></tr>
<tr><td colspan="2">2. 重视情感、态度、知识、能力的培养，体现教育的整体性</td><td></td><td></td><td></td></tr>
<tr><td colspan="2">3. 具体、明确，切实可行，易于衡量</td><td></td><td></td><td></td></tr>
<tr><td rowspan="4">活动内容</td><td colspan="2">1. 符合幼儿的现有水平，有一定的挑战性</td><td></td><td></td><td></td></tr>
<tr><td colspan="2">2. 贴近幼儿的现实生活，能引发幼儿的有效学习</td><td></td><td></td><td></td></tr>
<tr><td colspan="2">3. 活动内容与知识概念科学、准确</td><td></td><td></td><td></td></tr>
<tr><td colspan="2">4. 教学内容适中，有利于目标的落实</td><td></td><td></td><td></td></tr>
<tr><td rowspan="9">活动过程</td><td colspan="2">1. 合理利用现有教育资源，教玩具使用科学、合理、有效</td><td></td><td></td><td></td></tr>
<tr><td colspan="2">2. 问题的提出具有启发性，有利于引发幼儿进一步学习与思考</td><td></td><td></td><td></td></tr>
<tr><td colspan="2">3. 教学方法具有直观性、趣味性，能做到游戏化</td><td></td><td></td><td></td></tr>
<tr><td colspan="2">4. 灵活运用集体、小组、个别等组织形式</td><td></td><td></td><td></td></tr>
<tr><td colspan="2">5. 能采取分层策略和游戏形式来突破活动重难点</td><td></td><td></td><td></td></tr>
<tr><td colspan="2">6. 重视对幼儿“自主、合作、探究”学习方式的引导，体现积极有效的师幼互动、幼幼互动</td><td></td><td></td><td></td></tr>
<tr><td colspan="2">7. 面向全体幼儿，关注个体差异，因材施教</td><td></td><td></td><td></td></tr>
<tr><td colspan="2">8. 营造关爱、平等、民主、和谐、宽容与支持的学习氛围</td><td></td><td></td><td></td></tr>
<tr><td colspan="2">9. 具有将教学活动向其他领域(或家庭)渗透的意识</td><td></td><td></td><td></td></tr>
<tr><td rowspan="4">活动效果</td><td colspan="2">1. 幼儿积极主动，轻松愉快</td><td></td><td></td><td></td></tr>
<tr><td colspan="2">2. 活动气氛活跃，富有活力</td><td></td><td></td><td></td></tr>
<tr><td colspan="2">3. 教学活动具有时效性</td><td></td><td></td><td></td></tr>
<tr><td colspan="2">4. 活动目标完成情况良好</td><td></td><td></td><td></td></tr>
<tr><td rowspan="4">教师素质</td><td colspan="2">1. 敏感地察觉幼儿的表现和反应，及时予以恰当的方式应答</td><td></td><td></td><td></td></tr>
<tr><td colspan="2">2. 语言清晰简练，富有吸引力</td><td></td><td></td><td></td></tr>
<tr><td colspan="2">3. 教态亲切自然，衣着得体，举止从容</td><td></td><td></td><td></td></tr>
<tr><td colspan="2">4. 时间控制适宜</td><td></td><td></td><td></td></tr>
</table>

幼儿园集体教育活动评析

表 1　集体教育活动记录分析表

<table>
<tr><td>活动班级</td><td></td><td>执教教师</td><td></td><td>活动时间</td><td></td></tr>
<tr><td>活动领域</td><td></td><td>活动名称</td><td colspan="3"></td></tr>
<tr><td>活动目标</td><td colspan="5"></td></tr>
<tr><td>活动准备</td><td colspan="5"></td></tr>
<tr><td colspan="4">活动过程</td><td colspan="2">即时评价</td></tr>
<tr><td colspan="4"></td><td colspan="2"></td></tr>
</table>

存在问题及疑惑		
分析与评价		

表2 集体教育活动互动情况记录表

班级		活动领域					活动名称					
互动类型	互动性质	互动行为	观察到的次数									
			幼儿1		幼儿2		幼儿3		幼儿4		幼儿5	
			男	女	男	女	男	女	男	女	男	女
师幼互动	上行型互动	请求										
		征询										
		展示										
		汇报										
		寻求帮助和指导										
		其他										
	下行型互动	要求										
		指令										
		提醒										
		约束										
		帮助指导和照顾										
		其他										
	平行型互动	发表个人见解										
		共同游戏										
		提问										
		替教师做事										
		其他										
幼幼互动	被动型互动	讨论、交流										
		帮助他人										
		共同游戏										
		其他										
	主动型互动	讨论、交流										
		帮助他人										
		共同游戏										
		其他										
与环境材料的互动	有意型互动	观察										
		操作										
		其他										
	无意型互动	观察										
		操作										
		其他										

备注：用“正”字记录次数

表 3　集体教育活动观察评价记录表

<table>
<tr><td>班级</td><td colspan="2"></td><td>执教教师</td><td colspan="3"></td></tr>
<tr><td>活动领域</td><td colspan="2"></td><td>活动名称</td><td colspan="3"></td></tr>
<tr><td rowspan="2">项目</td><td colspan="3" rowspan="2">评价要点</td><td colspan="3">评价等级</td></tr>
<tr><td>优</td><td>良</td><td>中</td></tr>
<tr><td rowspan="3">活动目标</td><td colspan="3">1. 符合幼儿年龄特点与发展要求</td><td></td><td></td><td></td></tr>
<tr><td colspan="3">2. 重视情感、态度、知识、能力的培养，体现教育的整体性</td><td></td><td></td><td></td></tr>
<tr><td colspan="3">3. 具体、明确，切实可行，易于衡量</td><td></td><td></td><td></td></tr>
<tr><td rowspan="4">活动内容</td><td colspan="3">1. 符合幼儿的现有水平，有一定的挑战性</td><td></td><td></td><td></td></tr>
<tr><td colspan="3">2. 贴近幼儿的现实生活，能引发幼儿的有效学习</td><td></td><td></td><td></td></tr>
<tr><td colspan="3">3. 活动内容与知识概念科学、准确</td><td></td><td></td><td></td></tr>
<tr><td colspan="3">4. 教学内容适中，有利于目标的落实</td><td></td><td></td><td></td></tr>
<tr><td rowspan="9">活动过程</td><td colspan="3">1. 合理利用现有教育资源，教玩具使用科学、合理、有效</td><td></td><td></td><td></td></tr>
<tr><td colspan="3">2. 问题的提出具有启发性，有利于引发幼儿进一步学习与思考</td><td></td><td></td><td></td></tr>
<tr><td colspan="3">3. 教学方法具有直观性、趣味性，能做到游戏化</td><td></td><td></td><td></td></tr>
<tr><td colspan="3">4. 灵活运用集体、小组、个别等组织形式</td><td></td><td></td><td></td></tr>
<tr><td colspan="3">5. 能采取分层策略和游戏形式来突破活动重难点</td><td></td><td></td><td></td></tr>
<tr><td colspan="3">6. 重视对幼儿“自主、合作、探究”学习方式的引导，体现积极有效的师幼互动、幼幼互动</td><td></td><td></td><td></td></tr>
<tr><td colspan="3">7. 面向全体幼儿，关注个体差异，因材施教</td><td></td><td></td><td></td></tr>
<tr><td colspan="3">8. 营造关爱、平等、民主、和谐、宽容与支持的学习氛围</td><td></td><td></td><td></td></tr>
<tr><td colspan="3">9. 具有将教学活动向其他领域（或家庭）渗透的意识</td><td></td><td></td><td></td></tr>
<tr><td rowspan="4">活动效果</td><td colspan="3">1. 幼儿积极主动，轻松愉快</td><td></td><td></td><td></td></tr>
<tr><td colspan="3">2. 活动气氛活跃，富有活力</td><td></td><td></td><td></td></tr>
<tr><td colspan="3">3. 教学活动具有时效性</td><td></td><td></td><td></td></tr>
<tr><td colspan="3">4. 活动目标完成情况良好</td><td></td><td></td><td></td></tr>
<tr><td rowspan="4">教师素质</td><td colspan="3">1. 敏感地察觉幼儿的表现和反应，及时予以恰当的方式应答</td><td></td><td></td><td></td></tr>
<tr><td colspan="3">2. 语言清晰简练，富有吸引力</td><td></td><td></td><td></td></tr>
<tr><td colspan="3">3. 教态亲切自然，衣着得体，举止从容</td><td></td><td></td><td></td></tr>
<tr><td colspan="3">4. 时间控制适宜</td><td></td><td></td><td></td></tr>
</table>

幼儿园集体教育活动评析

表 1　集体教育活动记录分析表

<table>
<tr><td>活动班级</td><td></td><td>执教教师</td><td></td><td>活动时间</td><td></td></tr>
<tr><td>活动领域</td><td></td><td>活动名称</td><td colspan="3"></td></tr>
<tr><td>活动目标</td><td colspan="5"></td></tr>
<tr><td>活动准备</td><td colspan="5"></td></tr>
<tr><td colspan="4">活动过程</td><td colspan="2">即时评价</td></tr>
<tr><td colspan="4"></td><td colspan="2"></td></tr>
</table>

存在问题及疑惑	
分析与评价	

表 2　集体教育活动互动情况记录表

班级			活动领域				活动名称					
互动类型	互动性质	互动行为	观察到的次数									
			幼儿 1		幼儿 2		幼儿 3		幼儿 4		幼儿 5	
			男	女	男	女	男	女	男	女	男	女
师幼互动	上行型互动	请求										
		征询										
		展示										
		汇报										
		寻求帮助和指导										
		其他										
	下行型互动	要求										
		指令										
		提醒										
		约束										
		帮助指导和照顾										
		其他										
	平行型互动	发表个人见解										
		共同游戏										
		提问										
		替教师做事										
		其他										
幼幼互动	被动型互动	讨论、交流										
		帮助他人										
		共同游戏										
		其他										
	主动型互动	讨论、交流										
		帮助他人										
		共同游戏										
		其他										
与环境材料的互动	有意型互动	观察										
		操作										
		其他										
	无意型互动	观察										
		操作										
		其他										

备注：用“正”字记录次数

表3　集体教育活动观察评价记录表

<table>
<tr><td>班级</td><td colspan="2"></td><td colspan="2">执教教师</td><td></td></tr>
<tr><td>活动领域</td><td colspan="2"></td><td colspan="2">活动名称</td><td></td></tr>
<tr><td rowspan="2">项目</td><td rowspan="2">评价要点</td><td colspan="3">评价等级</td></tr>
<tr><td>优</td><td>良</td><td>中</td></tr>
<tr><td rowspan="3">活动目标</td><td>1. 符合幼儿年龄特点与发展要求</td><td></td><td></td><td></td></tr>
<tr><td>2. 重视情感、态度、知识、能力的培养，体现教育的整体性</td><td></td><td></td><td></td></tr>
<tr><td>3. 具体、明确，切实可行，易于衡量</td><td></td><td></td><td></td></tr>
<tr><td rowspan="4">活动内容</td><td>1. 符合幼儿的现有水平，有一定的挑战性</td><td></td><td></td><td></td></tr>
<tr><td>2. 贴近幼儿的现实生活，能引发幼儿的有效学习</td><td></td><td></td><td></td></tr>
<tr><td>3. 活动内容与知识概念科学、准确</td><td></td><td></td><td></td></tr>
<tr><td>4. 教学内容适中，有利于目标的落实</td><td></td><td></td><td></td></tr>
<tr><td rowspan="9">活动过程</td><td>1. 合理利用现有教育资源，教玩具使用科学、合理、有效</td><td></td><td></td><td></td></tr>
<tr><td>2. 问题的提出具有启发性，有利于引发幼儿进一步学习与思考</td><td></td><td></td><td></td></tr>
<tr><td>3. 教学方法具有直观性、趣味性，能做到游戏化</td><td></td><td></td><td></td></tr>
<tr><td>4. 灵活运用集体、小组、个别等组织形式</td><td></td><td></td><td></td></tr>
<tr><td>5. 能采取分层策略和游戏形式来突破活动重难点</td><td></td><td></td><td></td></tr>
<tr><td>6. 重视对幼儿“自主、合作、探究”学习方式的引导，体现积极有效的师幼互动、幼幼互动</td><td></td><td></td><td></td></tr>
<tr><td>7. 面向全体幼儿，关注个体差异，因材施教</td><td></td><td></td><td></td></tr>
<tr><td>8. 营造关爱、平等、民主、和谐、宽容与支持的学习氛围</td><td></td><td></td><td></td></tr>
<tr><td>9. 具有将教学活动向其他领域（或家庭）渗透的意识</td><td></td><td></td><td></td></tr>
<tr><td rowspan="4">活动效果</td><td>1. 幼儿积极主动，轻松愉快</td><td></td><td></td><td></td></tr>
<tr><td>2. 活动气氛活跃，富有活力</td><td></td><td></td><td></td></tr>
<tr><td>3. 教学活动具有时效性</td><td></td><td></td><td></td></tr>
<tr><td>4. 活动目标完成情况良好</td><td></td><td></td><td></td></tr>
<tr><td rowspan="4">教师素质</td><td>1. 敏感地察觉幼儿的表现和反应，及时予以恰当的方式应答</td><td></td><td></td><td></td></tr>
<tr><td>2. 语言清晰简练，富有吸引力</td><td></td><td></td><td></td></tr>
<tr><td>3. 教态亲切自然，衣着得体，举止从容</td><td></td><td></td><td></td></tr>
<tr><td>4. 时间控制适宜</td><td></td><td></td><td></td></tr>
</table>

幼儿园集体教育活动评析

表 1　集体教育活动记录分析表

<table>
<tr><td>活动班级</td><td></td><td>执教教师</td><td></td><td>活动时间</td><td></td></tr>
<tr><td>活动领域</td><td></td><td>活动名称</td><td colspan="3"></td></tr>
<tr><td>活动目标</td><td colspan="5"></td></tr>
<tr><td>活动准备</td><td colspan="5"></td></tr>
<tr><td colspan="4">活动过程</td><td colspan="2">即时评价</td></tr>
<tr><td colspan="4"></td><td colspan="2"></td></tr>
</table>

存在问题及疑惑	
分析与评价	

表 2　集体教育活动互动情况记录表

<table>
<tr><td>班级</td><td colspan="2"></td><td>活动领域</td><td colspan="3"></td><td colspan="3">活动名称</td><td colspan="4"></td></tr>
<tr><td rowspan="3">互动类型</td><td rowspan="3">互动性质</td><td rowspan="3">互动行为</td><td colspan="10">观察到的次数</td></tr>
<tr><td colspan="2">幼儿 1</td><td colspan="2">幼儿 2</td><td colspan="2">幼儿 3</td><td colspan="2">幼儿 4</td><td colspan="2">幼儿 5</td></tr>
<tr><td>男</td><td>女</td><td>男</td><td>女</td><td>男</td><td>女</td><td>男</td><td>女</td><td>男</td><td>女</td></tr>
<tr><td rowspan="17">师幼互动</td><td rowspan="6">上行型互动</td><td>请求</td><td></td><td></td><td></td><td></td><td></td><td></td><td></td><td></td><td></td><td></td></tr>
<tr><td>征询</td><td></td><td></td><td></td><td></td><td></td><td></td><td></td><td></td><td></td><td></td></tr>
<tr><td>展示</td><td></td><td></td><td></td><td></td><td></td><td></td><td></td><td></td><td></td><td></td></tr>
<tr><td>汇报</td><td></td><td></td><td></td><td></td><td></td><td></td><td></td><td></td><td></td><td></td></tr>
<tr><td>寻求帮助和指导</td><td></td><td></td><td></td><td></td><td></td><td></td><td></td><td></td><td></td><td></td></tr>
<tr><td>其他</td><td></td><td></td><td></td><td></td><td></td><td></td><td></td><td></td><td></td><td></td></tr>
<tr><td rowspan="6">下行型互动</td><td>要求</td><td></td><td></td><td></td><td></td><td></td><td></td><td></td><td></td><td></td><td></td></tr>
<tr><td>指令</td><td></td><td></td><td></td><td></td><td></td><td></td><td></td><td></td><td></td><td></td></tr>
<tr><td>提醒</td><td></td><td></td><td></td><td></td><td></td><td></td><td></td><td></td><td></td><td></td></tr>
<tr><td>约束</td><td></td><td></td><td></td><td></td><td></td><td></td><td></td><td></td><td></td><td></td></tr>
<tr><td>帮助指导和照顾</td><td></td><td></td><td></td><td></td><td></td><td></td><td></td><td></td><td></td><td></td></tr>
<tr><td>其他</td><td></td><td></td><td></td><td></td><td></td><td></td><td></td><td></td><td></td><td></td></tr>
<tr><td rowspan="5">平行型互动</td><td>发表个人见解</td><td></td><td></td><td></td><td></td><td></td><td></td><td></td><td></td><td></td><td></td></tr>
<tr><td>共同游戏</td><td></td><td></td><td></td><td></td><td></td><td></td><td></td><td></td><td></td><td></td></tr>
<tr><td>提问</td><td></td><td></td><td></td><td></td><td></td><td></td><td></td><td></td><td></td><td></td></tr>
<tr><td>替教师做事</td><td></td><td></td><td></td><td></td><td></td><td></td><td></td><td></td><td></td><td></td></tr>
<tr><td>其他</td><td></td><td></td><td></td><td></td><td></td><td></td><td></td><td></td><td></td><td></td></tr>
<tr><td rowspan="8">幼幼互动</td><td rowspan="4">被动型互动</td><td>讨论、交流</td><td></td><td></td><td></td><td></td><td></td><td></td><td></td><td></td><td></td><td></td></tr>
<tr><td>帮助他人</td><td></td><td></td><td></td><td></td><td></td><td></td><td></td><td></td><td></td><td></td></tr>
<tr><td>共同游戏</td><td></td><td></td><td></td><td></td><td></td><td></td><td></td><td></td><td></td><td></td></tr>
<tr><td>其他</td><td></td><td></td><td></td><td></td><td></td><td></td><td></td><td></td><td></td><td></td></tr>
<tr><td rowspan="4">主动型互动</td><td>讨论、交流</td><td></td><td></td><td></td><td></td><td></td><td></td><td></td><td></td><td></td><td></td></tr>
<tr><td>帮助他人</td><td></td><td></td><td></td><td></td><td></td><td></td><td></td><td></td><td></td><td></td></tr>
<tr><td>共同游戏</td><td></td><td></td><td></td><td></td><td></td><td></td><td></td><td></td><td></td><td></td></tr>
<tr><td>其他</td><td></td><td></td><td></td><td></td><td></td><td></td><td></td><td></td><td></td><td></td></tr>
<tr><td rowspan="6">与环境材料的互动</td><td rowspan="3">有意型互动</td><td>观察</td><td></td><td></td><td></td><td></td><td></td><td></td><td></td><td></td><td></td><td></td></tr>
<tr><td>操作</td><td></td><td></td><td></td><td></td><td></td><td></td><td></td><td></td><td></td><td></td></tr>
<tr><td>其他</td><td></td><td></td><td></td><td></td><td></td><td></td><td></td><td></td><td></td><td></td></tr>
<tr><td rowspan="3">无意型互动</td><td>观察</td><td></td><td></td><td></td><td></td><td></td><td></td><td></td><td></td><td></td><td></td></tr>
<tr><td>操作</td><td></td><td></td><td></td><td></td><td></td><td></td><td></td><td></td><td></td><td></td></tr>
<tr><td>其他</td><td></td><td></td><td></td><td></td><td></td><td></td><td></td><td></td><td></td><td></td></tr>
</table>

备注：用“正”字记录次数

表3　集体教育活动观察评价记录表

班级		执教教师			
活动领域		活动名称			
项目	评价要点		评价等级		
			优	良	中
活动目标	1. 符合幼儿年龄特点与发展要求				
	2. 重视情感、态度、知识、能力的培养，体现教育的整体性				
	3. 具体、明确，切实可行，易于衡量				
活动内容	1. 符合幼儿的现有水平，有一定的挑战性				
	2. 贴近幼儿的现实生活，能引发幼儿的有效学习				
	3. 活动内容与知识概念科学、准确				
	4. 教学内容适中，有利于目标的落实				
活动过程	1. 合理利用现有教育资源，教玩具使用科学、合理、有效				
	2. 问题的提出具有启发性，有利于引发幼儿进一步学习与思考				
	3. 教学方法具有直观性、趣味性，能做到游戏化				
	4. 灵活运用集体、小组、个别等组织形式				
	5. 能采取分层策略和游戏形式来突破活动重难点				
	6. 重视对幼儿"自主、合作、探究"学习方式的引导，体现积极有效的师幼互动、幼幼互动				
	7. 面向全体幼儿，关注个体差异，因材施教				
	8. 营造关爱、平等、民主、和谐、宽容与支持的学习氛围				
	9. 具有将教学活动向其他领域（或家庭）渗透的意识				
活动效果	1. 幼儿积极主动，轻松愉快				
	2. 活动气氛活跃，富有活力				
	3. 教学活动具有时效性				
	4. 活动目标完成情况良好				
教师素质	1. 敏感地察觉幼儿的表现和反应，及时予以恰当的方式应答				
	2. 语言清晰简练，富有吸引力				
	3. 教态亲切自然，衣着得体，举止从容				
	4. 时间控制适宜				

幼儿园集体教育活动评析

表1　集体教育活动记录分析表

活动班级		执教教师		活动时间	
活动领域		活动名称			
活动目标					
活动准备					
活动过程				即时评价	

存在问题及疑惑	
分析与评价	

表 2 集体教育活动互动情况记录表

班级			活动领域				活动名称					
互动类型	互动性质	互动行为	观察到的次数									
			幼儿 1		幼儿 2		幼儿 3		幼儿 4		幼儿 5	
			男	女	男	女	男	女	男	女	男	女
师幼互动	上行型互动	请求										
		征询										
		展示										
		汇报										
		寻求帮助和指导										
		其他										
	下行型互动	要求										
		指令										
		提醒										
		约束										
		帮助指导和照顾										
		其他										
	平行型互动	发表个人见解										
		共同游戏										
		提问										
		替教师做事										
		其他										
幼幼互动	被动型互动	讨论、交流										
		帮助他人										
		共同游戏										
		其他										
	主动型互动	讨论、交流										
		帮助他人										
		共同游戏										
		其他										
与环境材料的互动	有意型互动	观察										
		操作										
		其他										
	无意型互动	观察										
		操作										
		其他										

备注：用“正”字记录次数

表 3　集体教育活动观察评价记录表

班级		执教教师		
活动领域		活动名称		
项目	评价要点	评价等级		
		优	良	中
活动目标	1. 符合幼儿年龄特点与发展要求			
	2. 重视情感、态度、知识、能力的培养，体现教育的整体性			
	3. 具体、明确，切实可行，易于衡量			
活动内容	1. 符合幼儿的现有水平，有一定的挑战性			
	2. 贴近幼儿的现实生活，能引发幼儿的有效学习			
	3. 活动内容与知识概念科学、准确			
	4. 教学内容适中，有利于目标的落实			
活动过程	1. 合理利用现有教育资源，教玩具使用科学、合理、有效			
	2. 问题的提出具有启发性，有利于引发幼儿进一步学习与思考			
	3. 教学方法具有直观性、趣味性，能做到游戏化			
	4. 灵活运用集体、小组、个别等组织形式			
	5. 能采取分层策略和游戏形式来突破活动重难点			
	6. 重视对幼儿“自主、合作、探究”学习方式的引导，体现积极有效的师幼互动、幼幼互动			
	7. 面向全体幼儿，关注个体差异，因材施教			
	8. 营造关爱、平等、民主、和谐、宽容与支持的学习氛围			
	9. 具有将教学活动向其他领域（或家庭）渗透的意识			
活动效果	1. 幼儿积极主动，轻松愉快			
	2. 活动气氛活跃，富有活力			
	3. 教学活动具有时效性			
	4. 活动目标完成情况良好			
教师素质	1. 敏感地察觉幼儿的表现和反应，及时予以恰当的方式应答			
	2. 语言清晰简练，富有吸引力			
	3. 教态亲切自然，衣着得体，举止从容			
	4. 时间控制适宜			

幼儿园集体教育活动评析

表 1　集体教育活动记录分析表

<table>
<tr><td>活动班级</td><td></td><td>执教教师</td><td></td><td>活动时间</td><td></td></tr>
<tr><td>活动领域</td><td></td><td>活动名称</td><td colspan="3"></td></tr>
<tr><td>活动目标</td><td colspan="5"></td></tr>
<tr><td>活动准备</td><td colspan="5"></td></tr>
<tr><td colspan="4">活动过程</td><td colspan="2">即时评价</td></tr>
<tr><td colspan="4"></td><td colspan="2"></td></tr>
</table>

存在问题及疑惑		
分析与评价		

表 2　集体教育活动互动情况记录表

班级		活动领域				活动名称						
互动类型	互动性质	互动行为	观察到的次数									
			幼儿 1		幼儿 2		幼儿 3		幼儿 4		幼儿 5	
			男	女	男	女	男	女	男	女	男	女
师幼互动	上行型互动	请求										
		征询										
		展示										
		汇报										
		寻求帮助和指导										
		其他										
	下行型互动	要求										
		指令										
		提醒										
		约束										
		帮助指导和照顾										
		其他										
	平行型互动	发表个人见解										
		共同游戏										
		提问										
		替教师做事										
		其他										
幼幼互动	被动型互动	讨论、交流										
		帮助他人										
		共同游戏										
		其他										
	主动型互动	讨论、交流										
		帮助他人										
		共同游戏										
		其他										
与环境材料的互动	有意型互动	观察										
		操作										
		其他										
	无意型互动	观察										
		操作										
		其他										

备注：用“正”字记录次数

表3　集体教育活动观察评价记录表

班级		执教教师	
活动领域		活动名称	

项目	评价要点	评价等级		
		优	良	中
活动目标	1. 符合幼儿年龄特点与发展要求			
	2. 重视情感、态度、知识、能力的培养，体现教育的整体性			
	3. 具体、明确，切实可行，易于衡量			
活动内容	1. 符合幼儿的现有水平，有一定的挑战性			
	2. 贴近幼儿的现实生活，能引发幼儿的有效学习			
	3. 活动内容与知识概念科学、准确			
	4. 教学内容适中，有利于目标的落实			
活动过程	1. 合理利用现有教育资源，教玩具使用科学、合理、有效			
	2. 问题的提出具有启发性，有利于引发幼儿进一步学习与思考			
	3. 教学方法具有直观性、趣味性，能做到游戏化			
	4. 灵活运用集体、小组、个别等组织形式			
	5. 能采取分层策略和游戏形式来突破活动重难点			
	6. 重视对幼儿“自主、合作、探究”学习方式的引导，体现积极有效的师幼互动、幼幼互动			
	7. 面向全体幼儿，关注个体差异，因材施教			
	8. 营造关爱、平等、民主、和谐、宽容与支持的学习氛围			
	9. 具有将教学活动向其他领域(或家庭)渗透的意识			
活动效果	1. 幼儿积极主动，轻松愉快			
	2. 活动气氛活跃，富有活力			
	3. 教学活动具有时效性			
	4. 活动目标完成情况良好			
教师素质	1. 敏感地察觉幼儿的表现和反应，及时予以恰当的方式应答			
	2. 语言清晰简练，富有吸引力			
	3. 教态亲切自然，衣着得体，举止从容			
	4. 时间控制适宜			

幼儿园主题活动网络图设计

主题名称		班级	
设计意图			
活动目标			
主题活动网络			

幼儿园主题活动网络图设计

主题名称		班级	
设计意图			
活动目标			
主题活动网络			

幼儿园半日活动计划表

日期		时段	□上午　　□下午
班级		人数	
时间	环节	内容与过程	
反思			
指导教师评价	签名： 年　月　日		

幼儿园半日活动计划表

<table>
<tr><td>日期</td><td></td><td>时段</td><td>□上午　　□下午</td></tr>
<tr><td>班级</td><td></td><td>人数</td><td></td></tr>
<tr><td>时间</td><td>环节</td><td colspan="2">内容与过程</td></tr>
<tr><td></td><td></td><td colspan="2"></td></tr>
<tr><td>反思</td><td colspan="3"></td></tr>
<tr><td>指导教师
评价</td><td colspan="3">签名：
年　　月　　日</td></tr>
</table>

幼儿园集体教育活动方案设计

班级		人数	
活动领域及名称			
活动目标			
活动准备			
活动过程			

活动延伸	
活动反思	
幼儿园指导教师评价	签名： 年 月 日

幼儿园集体教育活动方案设计

班级		人数	
活动领域及名称			
活动目标			
活动准备			
活动过程			

活动延伸	
活动反思	
幼儿园指导教师评价	签名： 年 月 日

幼儿园集体教育活动方案设计

班级		人数	
活动领域及名称			
活动目标			
活动准备			
活动过程			

活动延伸	
活动反思	
幼儿园指导教师评价	签名： 年 月 日

幼儿园集体教育活动方案设计

班级		人数	
活动领域及名称			
活动目标			
活动准备			
活动过程			

活动延伸	
活动反思	
幼儿园指导教师评价	签名： 年　月　日

幼儿园集体教育活动方案设计

<table>
<tr><td>班级</td><td></td><td>人数</td><td></td></tr>
<tr><td>活动领域及名称</td><td colspan="3"></td></tr>
<tr><td>活动目标</td><td colspan="3"></td></tr>
<tr><td>活动准备</td><td colspan="3"></td></tr>
<tr><td>活动过程</td><td colspan="3"></td></tr>
</table>

活动延伸	
活动反思	
幼儿园指导 教师评价	签名： 年　月　日

幼儿园集体教育活动方案设计

班级		人数	
活动领域及名称			
活动目标			
活动准备			
活动过程			

活动延伸	
活动反思	
幼儿园指导教师评价	签名： 年 月 日

幼儿园集体教育活动方案设计

班级		人数	
活动领域及名称			
活动目标			
活动准备			
活动过程			

活动延伸	
活动反思	
幼儿园指导 教师评价	签名： 年　　月　　日

幼儿园集体教育活动方案设计

班级		人数	
活动领域及名称			
活动目标			
活动准备			
活动过程			

活动延伸	
活动反思	
幼儿园指导 教师评价	签名： 年　月　日

幼儿园集体教育活动方案设计

班级		人数	
活动领域及名称			
活动目标			
活动准备			
活动过程			

活动延伸	
活动反思	
幼儿园指导 教师评价	签名： 年　月　日

幼儿园集体教育活动方案设计

班级		人数	
活动领域及名称			
活动目标			
活动准备			
活动过程			

活动延伸	
活动反思	
幼儿园指导 教师评价	签名： 年 月 日

学生岗位实习鉴定表

<table>
<tr><td colspan="2">班级</td><td colspan="2"></td><td>姓名</td><td></td><td>学号</td><td></td></tr>
<tr><td colspan="2">实习时间</td><td colspan="6">年　月　日至　年　月　日　共　天</td></tr>
<tr><td colspan="2">实习单位</td><td colspan="6"></td></tr>
<tr><td colspan="2">学校指导教师</td><td colspan="2"></td><td colspan="2">幼儿园指导教师</td><td colspan="2"></td></tr>
<tr><td colspan="2">应到工作日</td><td colspan="2"></td><td colspan="2">实到工作日</td><td colspan="2"></td></tr>
<tr><td>事假</td><td></td><td>病假</td><td></td><td>迟到</td><td></td><td>缺勤</td><td></td></tr>
<tr><td colspan="8">岗位实习总结</td></tr>
<tr><td colspan="8"></td></tr>
</table>

学校考核标准 主要考核实习生的组织纪律性、实习任务的完成情况等，其中常规出勤、纪律、配合度等方面 15 分，实习任务、实习手册完成情况 15 分，实习期间综合表现 10 分，满分 40 分。 学校指导教师评语   学校考核成绩(满分 40 分)：__________　学校指导教师签字：__________
实习单位考核标准 主要考核实习生在岗情况、基本素质和专业技能的应用能力等，其中能力水平 20 分，工作态度 15 分，遵守管理制度 10 分，团结协作 10 分，创新意识 5 分，满分 60 分。 实习单位评语   实习单位考核成绩(满分 60 分)：__________　实习单位指导教师签字：__________ 实习单位盖章： 年　月　日
综合成绩(校内考核成绩＋见习单位考核成绩)：__________ 综合评定等第(优、良、及格、不及格)：__________ 教师签字：__________ (学院盖章) 年　月　日

月度岗位实习报告

实习工作的主要内容、任务与收获、存在问题、反思与改进措施等

月度岗位实习报告

实习工作的主要内容、任务与收获、存在问题、反思与改进措施等

月度岗位实习报告

实习工作的主要内容、任务与收获、存在问题、反思与改进措施等

月度岗位实习报告

实习工作的主要内容、任务与收获、存在问题、反思与改进措施等

月度岗位实习报告

实习工作的主要内容、任务与收获、存在问题、反思与改进措施等

月度岗位实习报告

实习工作的主要内容、任务与收获、存在问题、反思与改进措施等

月度岗位实习报告

实习工作的主要内容、任务与收获、存在问题、反思与改进措施等

月度岗位实习报告

实习工作的主要内容、任务与收获、存在问题、反思与改进措施等

月度岗位实习报告

实习工作的主要内容、任务与收获、存在问题、反思与改进措施等

月度岗位实习报告

实习工作的主要内容、任务与收获、存在问题、反思与改进措施等

附　录

附录一　幼儿园教育指导纲要(试行)

http://www.moe.gov.cn/srcsite/A26/s3327/200107/t20010702_81984.html

第一部分　总　则

一、为贯彻《中华人民共和国教育法》、《幼儿园管理条例》和《幼儿园工作规程》,指导幼儿园深入实施素质教育,特制定本纲要。

二、幼儿园教育是基础教育的重要组成部分,是我国学校教育和终身教育的奠基阶段。城乡各类幼儿园都应从实际出发,因地制宜地实施素质教育,为幼儿一生的发展打好基础。

三、幼儿园应与家庭、社区密切合作,与小学相互衔接,综合利用各种教育资源,共同为幼儿的发展创造良好的条件。

四、幼儿园应为幼儿提供健康、丰富的生活和活动环境,满足他们多方面发展的需要,使他们在快乐的童年生活中获得有益于身心发展的经验。

五、幼儿园教育应尊重幼儿的人格和权利,尊重幼儿身心发展的规律和学习特点,以游戏为基本活动,保教并重,关注个别差异,促进每个幼儿富有个性的发展。

第二部分　教育内容与要求

幼儿园的教育内容是全面的、启蒙性的,可以相对划分为健康、语言、社会、科学、艺术等五个领域,也可作其他不同的划分。各领域的内容相互渗透,从不同的角度促进幼儿情感、态度、能力、知识、技能等方面的发展。

一、健康

(一)目标

1. 身体健康,在集体生活中情绪安定、愉快;
2. 生活、卫生习惯良好,有基本的生活自理能力;
3. 知道必要的安全保健常识,学习保护自己;
4. 喜欢参加体育活动,动作协调、灵活。

(二)内容与要求

1. 建立良好的师生、同伴关系,让幼儿在集体生活中感到温暖,心情愉快,形成安全感、信赖感。
2. 与家长配合,根据幼儿的需要建立科学的生活常规。培养幼儿良好的饮食、睡眠、盥洗、排泄等生活习惯和生活自理能力。
3. 教育幼儿爱清洁、讲卫生,注意保持个人和生活场所的整洁和卫生。
4. 密切结合幼儿的生活进行安全、营养和保健教育,提高幼儿的自我保护意识和能力。
5. 开展丰富多彩的户外游戏和体育活动,培养幼儿参加体育活动的兴趣和习惯,增强体质,提高对环境的适应能力。

6. 用幼儿感兴趣的方式发展基本动作，提高动作的协调性、灵活性。

7. 在体育活动中，培养幼儿坚强、勇敢、不怕困难的意志品质和主动、乐观、合作的态度。

（三）指导要点

1. 幼儿园必须把保护幼儿的生命和促进幼儿的健康放在工作的首位。树立正确的健康观念，在重视幼儿身体健康的同时，要高度重视幼儿的心理健康。

2. 既要高度重视和满足幼儿受保护、受照顾的需要，又要尊重和满足他们不断增长的独立要求，避免过度保护和包办代替，鼓励并指导幼儿自理、自立的尝试。

3. 健康领域的活动要充分尊重幼儿生长发育的规律，严禁以任何名义进行有损幼儿健康的比赛、表演或训练等。

4. 培养幼儿对体育活动的兴趣是幼儿园体育的重要目标，要根据幼儿的特点组织生动有趣、形式多样的体育活动，吸引幼儿主动参与。

二、语言

（一）目标

1. 乐观与人交谈，讲话礼貌；

2. 注意倾听对方讲话，能理解日常用语；

3. 能清楚地说出自己想说的事；

4. 喜欢听故事、看图书；

5. 能听懂和会说普通话。

（二）内容与要求

1. 创造一个自由、宽松的语言交往环境，支持、鼓励、吸引幼儿与教师、同伴或其他人交谈，体验语言交流的乐趣，学习使用适当的、礼貌的语言交往。

2. 养成幼儿注意倾听的习惯，发展语言理解能力。

3. 鼓励幼儿大胆、清楚地表达自己的想法和感受，尝试说明、描述简单的事物或过程，发展语言表达能力和思维能力。

4. 引导幼儿接触优秀的儿童文学作品，使之感受语言的丰富和优美，并通过多种活动帮助幼儿加深对作品的体验和理解。

5. 培养幼儿对生活中常见的简单标记和文字符号的兴趣。

6. 利用图书、绘画和其他多种方式，引发幼儿对书籍、阅读和书写的兴趣，培养前阅读和前书写技能。

7. 提供普通话的语言环境，帮助幼儿熟悉、听懂并学说普通话。少数民族地区还应帮助幼儿学习本民族语言。

（三）指导要点

1. 语言能力是在运用的过程中发展起来的，发展幼儿语言的关键是创设一个能使他们想说、敢说、喜欢说、有机会说并能得到积极应答的环境。

2. 幼儿语言的发展与其情感、经验、思维、社会交往能力等其他方面的发展密切相关，因此，发展幼儿语言的重要途径是通过互相渗透的各领域的教育，在丰富多彩的活动中去扩展幼儿的经验，提供促进语言发展的条件。

3. 幼儿的语言学习具有个别化的特点，教师与幼儿的个别交流、幼儿之间的自由交谈等，对幼儿语言发展具有特殊意义。

4. 对有语言障碍的儿童要给予特别关注，要与家长和有关方面密切配合，积极地帮助他们提高语言能力。

三、社会

（一）目标

1. 能主动地参与各项活动，有自信心；

2. 乐意与人交往，学习互助、合作和分享，有同情心；

3. 理解并遵守日常生活中基本的社会行为规则；

4. 能努力做好力所能及的事，不怕困难，有初步的责任感；

5. 爱父母长辈、老师和同伴，爱集体、爱家乡、爱祖国。

（二）内容与要求

1. 引导幼儿参加各种集体活动，体验与教师、同伴等共同生活的乐趣，帮助他们正确认识自己和他人，养成对他人、社会亲近、合作的态度，学习初步的人际交往技能。

2. 为每个幼儿提供表现自己长处和获得成功的机会，增强其自尊心和自信心。

3. 提供自由活动的机会，支持幼儿自主地选择、计划活动，鼓励他们通过多方面的努力解决问题，不轻易放弃克服困难的尝试。

4. 在共同的生活和活动中，以多种方式引导幼儿认识、体验并理解基本的社会行为规则，学习自律和尊重他人。

5. 教育幼儿爱护玩具和其他物品，爱护公物和公共环境。

6. 与家庭、社区合作，引导幼儿了解自己的亲人以及与自己生活有关的各行各业人们的劳动，培养其对劳动者的热爱和对劳动成果的尊重。

7. 充分利用社会资源，引导幼儿实际感受祖国文化的丰富与优秀，感受家乡的变化和发展，激发幼儿爱家乡、爱祖国的情感。

8. 适当向幼儿介绍我国各民族和世界其他国家、民族的文化，使其感知人类文化的多样性和差异性，培养理解、尊重、平等的态度。

（三）指导要点

1. 社会领域的教育具有潜移默化的特点。幼儿社会态度和社会情感的培养尤应渗透在多种活动和一日生活的各个环节之中，要创设一个能使幼儿感受到接纳、关爱和支持的良好环境，避免单一呆板的言语说教。

2. 幼儿与成人、同伴之间的共同生活、交往、探索、游戏等，是

其社会学习的重要途径。应为幼儿提供人际间相互交往和共同活动的机会和条件，并加以指导。

3. 社会学习是一个漫长的积累过程，需要幼儿园、家庭和社会密切合作，协调一致，共同促进幼儿良好社会性品质的形成。

四、科学

（一）目标

1. 对周围的事物、现象感兴趣，有好奇心和求知欲；

2. 能运用各种感官，动手动脑，探究问题；

3. 能用适当的方式表达、交流探索的过程和结果；

4. 能从生活和游戏中感受事物的数量关系并体验到数学的重要和有趣；

5. 爱护动植物，关心周围环境，亲近大自然，珍惜自然资源，有初步的环保意识。

（二）内容与要求

1. 引导幼儿对身边常见事物和现象的特点、变化规律产生兴趣和探究的欲望。

2. 为幼儿的探究活动创造宽松的环境，让每个幼儿都有机会参与尝试，支持、鼓励他们大胆提出问题，发表不同意见，学会尊重别人的观点和经验。

3. 提供丰富的可操作的材料，为每个幼儿都能运用多种感官。多种方式进行探索提供活动的条件。

4. 通过引导幼儿积极参加小组讨论、探索等方式，培养幼儿合作学习的意识和能力，学习用多种

方式表现、交流、分享探索的过程和结果。

5. 引导幼儿对周围环境中的数、量、形、时间和空间等现象产生兴趣，建构初步的数概念，并学习用简单的数学方法解决生活和游戏中某些简单的问题。

6. 从生活或媒体中幼儿熟悉的科技成果入手，引导幼儿感受科学技术对生活的影响，培养他们对科学的兴趣和对科学家的崇敬。

7. 在幼儿生活经验的基础上，帮助幼儿了解自然、环境与人类生活的关系。从身边的小事入手，培养初步的环保意识和行为。

（三）指导要点

1. 幼儿的科学教育是科学启蒙教育，重在激发幼儿的认识兴趣和探究欲望。

2. 要尽量创造条件让幼儿实际参加探究活动，使他们感受科学探究的过程和方法，体验发现的乐趣。

3. 科学教育应密切联系幼儿的实际生活进行，利用身边的事物与现象作为科学探索的对象。

五、艺术

（一）目标

1. 能初步感受并喜爱环境、生活和艺术中的美；

2. 喜欢参加艺术活动，并能大胆地表现自己的情感和体验；

3. 能用自己喜欢的方式进行艺术表现活动。

（二）内容与要求

1. 引导幼儿接触周围环境和生活中美好的人、事、物，丰富他们的感性经验和审美情趣，激发他们表现美、创造美的情趣。

2. 在艺术活动中面向全体幼儿，要针对他们的不同特点和需要，让每个幼儿都得到美的熏陶和培养。对有艺术天赋的幼儿要注意发展他们的艺术潜能。

3. 提供自由表现的机会，鼓励幼儿用不同艺术形式大胆地表达自己的情感、理解和想象，尊重每个幼儿的想法和创造，肯定和接纳他们独特的审美感受和表现方式，分享他们创造的快乐。

4. 在支持、鼓励幼儿积极参加各种艺术活动并大胆表现的同时，帮助他们提高表现的技能和能力。

5. 指导幼儿利用身边的物品或废旧材料制作玩具、手工艺品等来美化自己的生活或开展其他活动。

6. 为幼儿创设展示自己作品的条件，引导幼儿相互交流、相互欣赏、共同提高。

（三）指导要点

1. 艺术是实施美育的主要途径，应充分发挥艺术的情感教育功能，促进幼儿健全人格的形成。要避免仅仅重视表现技能或艺术活动的结果，而忽视幼儿在活动过程中的情感体验和态度的倾向。

2. 幼儿的创作过程和作品是他们表达自己的认识和情感的重要方式，应支持幼儿富有个性和创造性的表达，克服过分强调技能技巧和标准化要求的偏向。

3. 幼儿艺术活动的能力是在大胆表现的过程中逐渐发展起来的，教师的作用应主要在于激发幼儿感受美、表现美的情趣，丰富他们的审美经验，使之体验自由表达和创造的快乐。在此基础上，根据幼儿的发展状况和需要，对表现方式和技能技巧给予适时、适当的指导。

第三部分　组织与实施

一、幼儿园的教育是为所有在园幼儿的健康成长服务的，要为每一个儿童，包括有特殊需要的儿童提供积极的支持和帮助。

二、幼儿园的教育活动，是教师以多种形式有目的、有计划地引导幼儿生动、活泼、主动活动的教育过程。

三、教育活动的组织与实施过程是教师创造性地开展工作的过程。教师要根据本《纲要》，从本地、本国的条件出发,结合本班幼儿的实际情况,制定切实可行的工作计划并灵活地执行。

四、教育活动目标要以《幼儿园工作规程》和本《纲要》所提出的各领域目标为指导,结合本班幼儿的发展水平、经验和需要来确定。

五、教育活动内容的选择应遵照本《纲要》第二部分的有关条款进行,同时体现以下原则:

(一)既适合幼儿的现有水平,又有一定的挑战性。

(二)既符合幼儿的现实需要,又有利于其长远发展。

(三)既贴近幼儿的生活来选择幼儿感兴趣的事物和问题,又有助于拓展幼儿的经验和视野。

六、教育活动内容的组织应充分考虑幼儿的学习特点和认识规律,各领域的内容要有机联系,相互渗透,注重综合性、趣味性、活动性,寓教育于生活、游戏之中。

七、教育活动的组织形式应根据需要合理安排,因时、因地、因内容、因材料灵活地运用。

八、环境是重要的教育资源,应通过环境的创设和利用,有效地促进幼儿的发展。

(一)幼儿园的空间、设施、活动材料和常规要求等应有利于引发、支持幼儿的游戏和各种探索活动,有利于引发、支持幼儿与周围环境之间积极的相互作用。

(二)幼儿同伴群体及幼儿园教师集体是宝贵的教育资源,应充分发挥这一资源的作用。

(三)教师的态度和管理方式应有助于形成安全、温馨的心理环境;言行举止应成为幼儿学习的良好榜样。

(四)家庭是幼儿园重要的合作伙伴。应本着尊重、平等、合作的原则,争取家长的理解、支持和主动参与,并积极支持、帮助家长提高教育能力。

(五)充分利用自然环境和社区的教育资源,扩展幼儿生活和学习的空间。幼儿园同时应为社区的早期教育提供服务。

九、科学、合理地安排和组织一日生活。

(一)时间安排应有相对的稳定性与灵活性,既有利于形成秩序,又能满足幼儿的合理需要,照顾到个体差异。

(二)教师直接指导的活动和间接指导的活动相结合,保证幼儿每天有适当的自主选择和自由活动时间。教师直接指导的集体活动要能保证幼儿的积极参与,避免时间的隐性浪费。

(三)尽量减少不必要的集体行动和过渡环节,减少和消除消极等待现象。

(四)建立良好的常规,避免不必要的管理行为,逐步引导幼儿学习自我管理。

十、教师应成为幼儿学习活动的支持者、合作者、引导者。

(一)以关怀、接纳、尊重的态度与幼儿交往。耐心倾听,努力理解幼儿的想法与感受,支持、鼓励他们大胆探索与表达。

(二)善于发现幼儿感兴趣的事物、游戏和偶发事件中所隐含的教育价值,把握时机,积极引导。

(三)关注幼儿在活动中的表现和反应,敏感地察觉他们的需要,及时以适当的方式应答,形成合作探究式的师生互动。

(四)尊重幼儿在发展水平、能力、经验、学习方式等方面的个体差异,因人施教,努力使每一个幼儿都能获得满足和成功。

(五)关注幼儿的特殊需要,包括各种发展潜能和不同发展障碍,与家庭密切配合,共同促进幼儿健康成长。

十一、幼儿园教育要与0~3岁儿童的保育教育以及小学教育相互衔接。

第四部分　教育评价

一、教育评价是幼儿园教育工作的重要组成部分,是了解教育的适宜性、有效性,调整和改进工作,促进每一个幼儿发展,提高教育质量的必要手段。

二、管理人员、教师、幼儿及其家长均是幼儿园教育评价工作的参与者。评价过程是各方共同参与、相互支持与合作的过程。

三、评价的过程，是教师运用专业知识审视教育实践，发现、分析、研究、解决问题的过程，也是其自我成长的重要途径。

四、幼儿园教育工作评价实行以教师自评为主，园长以及有关管理人员、其他教师和家长等参与评价的制度。

五、评价应自然地伴随着整个教育过程进行。综合采用观察、谈话、作品分析等多种方法。

六、幼儿的行为表现和发展变化具有重要的评价意义，教师应视之为重要的评价信息和改进工作的依据。

七、教育工作评价宜重点考察以下方面：

（一）教育计划和教育活动的目标是否建立在了解本班幼儿现状的基础上。

（二）教育的内容、方式、策略、环境条件是否能调动幼儿学习的积极性。

（三）教育过程是否能为幼儿提供有益的学习经验，并符合其发展需要。

（四）教育内容、要求能否兼顾群体需要和个体差异，使每个幼儿都能得到发展，都有成功感。

（五）教师的指导是否有利于幼儿主动、有效地学习。

八、对幼儿发展状况的评估，要注意：

（一）明确评价的目的是了解幼儿的发展需要，以便提供更加适宜的帮助和指导。

（二）全面了解幼儿的发展状况，防止片面性，尤其要避免只重知识和技能，忽略情感、社会性和实际能力的倾向。

（三）在日常活动与教育活动过程中采用自然的方法进行。平时观察所获的具有典型意义的幼儿行为表现和所积累的各种作品等，是评价的重要依据。

（四）承认和关注幼儿的个体差异，避免用划一的标准评价不同的幼儿，在幼儿面前慎用横向的比较。

（五）以发展的眼光看待幼儿，既要了解现有水平，更要关注其发展的速度、特点和倾向等。

附录二　3—6 岁儿童学习与发展指南

http://www.moe.gov.cn/srcsite/A26/s3327/201210/t20121009_143254.html

说　明

一、为深入贯彻《国家中长期教育改革和发展规划纲要（2010—2020 年）》和《国务院关于当前发展学前教育的若干意见》（国发〔2010〕41 号），指导幼儿园和家庭实施科学的保育和教育，促进幼儿身心全面和谐发展，制定《3—6 岁儿童学习与发展指南》（以下简称《指南》）。

二、《指南》以为幼儿后继学习和终身发展奠定良好素质基础为目标，以促进幼儿体、智、德、美各方面的协调发展为核心，通过提出 3—6 岁各年龄段儿童学习与发展目标和相应的教育建议，帮助幼儿园教师和家长了解 3—6 岁幼儿学习与发展的基本规律和特点，建立对幼儿发展的合理期望，实施科学的保育和教育，让幼儿度过快乐而有意义的童年。

三、《指南》从健康、语言、社会、科学、艺术五个领域描述幼儿的学习与发展。每个领域按照幼儿学习与发展最基本、最重要的内容划分为若干方面。每个方面由学习与发展目标和教育建议两部分组成。

目标部分分别对 3—4 岁、4—5 岁、5—6 岁三个年龄段末期幼儿应该知道什么、能做什么，大致可以达到什么发展水平提出了合理期望，指明了幼儿学习与发展的具体方向；教育建议部分列举了一些能够有效帮助和促进幼儿学习与发展的教育途径与方法。

四、实施《指南》应把握以下几个方面：

1. 关注幼儿学习与发展的整体性。儿童的发展是一个整体，要注重领域之间、目标之间的相互渗透和整合，促进幼儿身心全面协调发展，而不应片面追求某一方面或几方面的发展。

2. 尊重幼儿发展的个体差异。幼儿的发展是一个持续、渐进的过程，同时也表现出一定的阶段性特征。每个幼儿在沿着相似进程发展的过程中，各自的发展速度和到达某一水平的时间不完全相同。要充分理解和尊重幼儿发展进程中的个别差异，支持和引导他们从原有水平向更高水平发展，按照自身的速度和方式到达《指南》所呈现的发展“阶梯”，切忌用一把“尺子”衡量所有幼儿。

3. 理解幼儿的学习方式和特点。幼儿的学习是以直接经验为基础，在游戏和日常生活中进行的。要珍视游戏和生活的独特价值，创设丰富的教育环境，合理安排一日生活，最大限度地支持和满足幼儿通过直接感知、实际操作和亲身体验获取经验的需要，严禁“拔苗助长”式的超前教育和强化训练。

4. 重视幼儿的学习品质。幼儿在活动过程中表现出的积极态度和良好行为倾向是终身学习与发展所必需的宝贵品质。要充分尊重和保护幼儿的好奇心和学习兴趣，帮助幼儿逐步养成积极主动、认真专注、不怕困难、敢于探究和尝试、乐于想象和创造等良好学习品质。忽视幼儿学习品质培养，单纯追求知识技能学习的做法是短视而有害的。

一、健康

健康是指人在身体、心理和社会适应方面的良好状态。幼儿阶段是儿童身体发育和机能发展极为迅速的时期，也是形成安全感和乐观态度的重要阶段。发育良好的身体、愉快的情绪、强健的体质、协调的动作、良好的生活习惯和基本生活能力是幼儿身心健康的重要标志，也是其它领域学习与发展的基础。

为有效促进幼儿身心健康发展，成人应为幼儿提供合理均衡的营养，保证充足的睡眠和适宜的锻炼，满足幼儿生长发育的需要；创设温馨的人际环境，让幼儿充分感受到亲情和关爱，形成积极稳定的情绪情感；帮助幼儿养成良好的生活与卫生习惯，提高自我保护能力，形成使其终身受益的生活能力和文明生活方式。

幼儿身心发育尚未成熟，需要成人的精心呵护和照顾，但不宜过度保护和包办代替，以免剥夺幼儿自主学习的机会，养成过于依赖的不良习惯，影响其主动性、独立性的发展。

（一）身心状况

目标 1　具有健康的体态

3—4 岁	4—5 岁	5—6 岁
1. 身高和体重适宜。 参考标准： 男孩： 身高：94.9—111.7 厘米 体重：12.7—21.2 公斤 女孩： 身高：94.1—111.3 厘米 体重：12.3—21.5 公斤 2. 在提醒下能自然坐直、站直。	1. 身高和体重适宜。参考标准： 男孩： 身高：100.7—119.2 厘米 体重：14.1—24.2 公斤 女孩： 身高：99.9—118.9 厘米 体重：13.7—24.9 公斤 2. 在提醒下能保持正确的站、坐和行走姿势。	1. 身高和体重适宜。参考标准： 男孩： 身高：106.1—125.8 厘米 体重：15.9—27.1 公斤 女孩： 身高：104.9—125.4 厘米 体重：15.3—27.8 公斤 2. 经常保持正确的站、坐和行走姿势。

注：身高和体重数据来源：《2006 年世界卫生组织儿童生长标准》4、5、6 周岁儿童身高和体重的参考数据。

教育建议：

1. 为幼儿提供营养丰富、健康的饮食。如：

- 参照《中国孕期、哺乳期妇女和 0—6 岁儿童膳食指南》，为幼儿提供谷物、蔬菜、水果、肉、奶、蛋、豆制品等多样化的食物，均衡搭配。
- 烹调方式要科学，尽量少煎炸、烧烤、腌制。

2. 保证幼儿每天睡 11—12 小时，其中午睡一般应达到 2 小时左右。午睡时间可根据幼儿的年龄、季节的变化和个体差异适当减少。

3. 注意幼儿的体态，帮助他们形成正确的姿势。如：

- 提醒幼儿要保持正确的站、坐、走姿势；发现有八字脚、罗圈腿、驼背等骨骼发育异常的情况，应及时就医矫治。
- 桌、椅和床要合适。椅子的高度以幼儿写画时双脚能自然着地、大腿基本保持水平状为宜；桌子的高度以写画时身体能坐直，不驼背、不耸肩为宜；床不宜过软。

4. 每年为幼儿进行健康检查。

目标 2　情绪安定愉快

3—4 岁	4—5 岁	5—6 岁
1. 情绪比较稳定，很少因一点小事哭闹不止。 2. 有比较强烈的情绪反应时，能在成人的安抚下逐渐平静下来。	1. 经常保持愉快的情绪，不高兴时能较快缓解 。 2. 有比较强烈情绪反应时，能在成人提醒下逐渐平静下来。 3. 愿意把自己的情绪告诉亲近的人，一起分享快乐或求得安慰。	1. 经常保持愉快的情绪。知道引起自己某种情绪的原因，并努力缓解。 2. 表达情绪的方式比较适度，不乱发脾气。 3. 能随着活动的需要转换情绪和注意。

教育建议：

1. 营造温暖、轻松的心理环境，让幼儿形成安全感和信赖感。如：

- 保持良好的情绪状态，以积极、愉快的情绪影响幼儿。
- 以欣赏的态度对待幼儿。注意发现幼儿的优点，接纳他们的个体差异，不简单与同伴做横向比较。
- 幼儿做错事时要冷静处理，不厉声斥责，更不能打骂。

2. 帮助幼儿学会恰当表达和调控情绪。如：

- 成人用恰当的方式表达情绪，为幼儿做出榜样。如生气时不乱发脾气，不迁怒于人。
- 成人和幼儿一起谈论自己高兴或生气的事，鼓励幼儿与人分享自己的情绪。
- 允许幼儿表达自己的情绪，并给予适当的引导。如幼儿发脾气时不硬性压制，等其平静后告诉他什么行为是可以接受的。
- 发现幼儿不高兴时，主动询问情况，帮助他们化解消极情绪。

目标 3　具有一定的适应能力

3—4 岁	4—5 岁	5—6 岁
1. 能在较热或较冷的户外环境中活动。 2. 换新环境时情绪能较快稳定，睡眠、饮食基本正常。 3. 在帮助下能较快适应集体生活。	1. 能在较热或较冷的户外环境中连续活动半小时左右。 2. 换新环境时较少出现身体不适。 3. 能较快适应人际环境中发生的变化。如换了新老师能较快适应。	1. 能在较热或较冷的户外环境中连续活动半小时以上。 2. 天气变化时较少感冒，能适应车、船等交通工具造成的轻微颠簸。 3. 能较快融入新的人际关系环境。如换了新的幼儿园或班级能较快适应。

教育建议：

1. 保证幼儿的户外活动时间，提高幼儿适应季节变化的能力。

- 幼儿每天的户外活动时间一般不少于两小时，其中体育活动时间不少于 1 小时，季节交替时要坚持。
- 气温过热或过冷的季节或地区应因地制宜，选择温度适当的时间段开展户外活动，也可根据气温的变化和幼儿的个体差异，适当减少活动的时间。

2. 经常与幼儿玩拉手转圈、秋千、转椅等游戏活动，让幼儿适应轻微的摆动、颠簸、旋转，促进其平衡机能的发展。

3. 锻炼幼儿适应生活环境变化的能力。如：

- 注意观察幼儿在新环境中的饮食、睡眠、游戏等方面的情况，采取相应的措施帮助他们尽快适应新环境。
- 经常带幼儿接触不同的人际环境，如参加亲戚朋友聚会，多和不熟悉的小朋友玩，使幼儿较快适应新的人际关系。

（二）动作发展

目标1　具有一定的平衡能力，动作协调、灵敏

3—4岁	4—5岁	5—6岁
1. 能沿地面直线或在较窄的低矮物体上走一段距离。 2. 能双脚灵活交替上下楼梯。 3. 能身体平稳地双脚连续向前跳。 4. 分散跑时能躲避他人的碰撞。 5. 能双手向上抛球。	1. 能在较窄的低矮物体上平稳地走一段距离。 2. 能以匍匐、膝盖悬空等多种方式钻爬。 3. 能助跑跨跳过一定距离，或助跑跨跳过一定高度的物体。 4. 能与他人玩追逐、躲闪跑的游戏。 5. 能连续自抛自接球。	1. 能在斜坡、荡桥和有一定间隔的物体上较平稳地行走。 2. 能以手脚并用的方式安全地爬攀登架、网等。 3. 能连续跳绳。 4. 能躲避他人滚过来的球或扔过来的沙包。 5. 能连续拍球。

教育建议：

1. 利用多种活动发展身体平衡和协调能力。如：

- 走平衡木，或沿着地面直线、田埂行走。
- 玩跳房子、踢毽子、蒙眼走路、踩小高跷等游戏活动。

2. 发展幼儿动作的协调性和灵活性。如：

- 鼓励幼儿进行跑跳、钻爬、攀登、投掷、拍球等活动。
- 玩跳竹竿、滚铁环等传统体育游戏。

3. 对于拍球、跳绳等技能性活动，不要过于要求数量，更不能机械训练。

4. 结合活动内容对幼儿进行安全教育，注重在活动中培养幼儿的自我保护能力。

目标2　具有一定的力量和耐力

3—4岁	4—5岁	5—6岁
1. 能双手抓杠悬空吊起10秒左右。 2. 能单手将沙包向前投掷2米左右。 3. 能单脚连续向前跳2米左右。 4. 能快跑15米左右。 5. 能行走1公里左右(途中可适当停歇)。	1. 能双手抓杠悬空吊起15秒左右。 2. 能单手将沙包向前投掷4米左右。 3. 能单脚连续向前跳5米左右。 4. 能快跑20米左右。 5. 能连续行走1.5公里左右(途中可适当停歇)。	1. 能双手抓杠悬空 吊起20秒左右。 2. 能单手将沙包向前投掷5米左右。 3. 能单脚连续向前跳8米左右。 4. 能快跑25米左右。 5. 能连续行走1.5公里以上(途中可适当停歇)。

教育建议：

1. 开展丰富多样、适合幼儿年龄特点的各种身体活动，如走、跑、跳、攀、爬等，鼓励幼儿坚持下来，不怕累。

2. 日常生活中鼓励幼儿多走路、少坐车；自己上下楼梯、自己背包。

目标3 手的动作灵活协调

3—4岁	4—5岁	5—6岁
1. 能用笔涂涂画画。 2. 能熟练地用勺子吃饭。 3. 能用剪刀沿直线剪，边线基本吻合。	1. 能沿边线较直地画出简单图形，或能边线基本对齐地折纸。 2. 会用筷子吃饭。 3. 能沿轮廓线剪出由直线构成的简单图形，边线吻合。	1. 能根据需要画出图形，线条基本平滑。 2. 能熟练使用筷子。 3. 能沿轮廓线剪出由曲线构成的简单图形，边线吻合且平滑。 4. 能使用简单的劳动工具或用具。

教育建议：

1. 创造条件和机会，促进幼儿手的动作灵活协调。如：

- 提供画笔、剪刀、纸张、泥团等工具和材料，或充分利用各种自然、废旧材料和常见物品，让幼儿进行画、剪、折、粘等美工活动。
- 引导幼儿生活自理或参与家务劳动，发展其手的动作。如练习自己用筷子吃饭、扣扣子，帮助家人择菜叶、做面食等。
- 幼儿园在布置娃娃家、商店等活动区时，多提供原材料和半成品，让幼儿有更多机会参与制作活动。

2. 引导幼儿注意活动安全。如：

- 为幼儿提供的塑料粒、珠子等活动材料要足够大，材质要安全，以免造成异物进入气管、铅中毒等伤害。提供幼儿用安全剪刀。
- 为幼儿示范拿筷子、握笔的正确姿势以及使用剪刀、锤子等工具的方法。
- 提醒幼儿不要拿剪刀等锋利工具玩耍，用完后要放回原处。

（三）生活习惯与生活能力

目标1 具有良好的生活与卫生习惯

3—4岁	4—5岁	5—6岁
1. 在提醒下，按时睡觉和起床，并能坚持午睡。 2. 喜欢参加体育活动。 3. 在引导下，不偏食、挑食。喜欢吃瓜果、蔬菜等新鲜食品。 4. 愿意饮用白开水，不贪喝饮料。 5. 不用脏手揉眼睛，连续看电视等不超过15分钟。 6. 在提醒下，每天早晚刷牙、饭前便后洗手。	1. 每天按时睡觉和起床，并能坚持午睡。 2. 喜欢参加体育活动。 3. 不偏食、挑食，不暴饮暴食。喜欢吃瓜果、蔬菜等新鲜食品。 4. 常喝白开水，不贪喝饮料。 5. 知道保护眼睛，不在光线过强或过暗的地方看书，连续看电视等不超过20分钟。 6. 每天早晚刷牙、饭前便后洗手，方法基本正确。	1. 养成每天按时睡觉和起床的习惯。 2. 能主动参加体育活动。 3. 吃东西时细嚼慢咽。 4. 主动饮用白开水，不贪喝饮料。 5. 主动保护眼睛。不在光线过强或过暗的地方看书，连续看电视等不超过30分钟。 6. 每天早晚主动刷牙，饭前便后主动洗手，方法正确。

教育建议：

1. 让幼儿保持有规律的生活，养成良好的作息习惯。如：早睡早起、每天午睡、按时进餐、吃好早餐等。

2. 帮助幼儿养成良好的饮食习惯。如：

- 合理安排餐点，帮助幼儿养成定点、定时、定量进餐的习惯。

- 帮助幼儿了解食物的营养价值,引导他们不偏食不挑食、少吃或不吃不利于健康的食品;多喝白开水,少喝饮料。
- 吃饭时不过分催促,提醒幼儿细嚼慢咽,不要边吃边玩。

3. 帮助幼儿养成良好的个人卫生习惯。如:

- 早晚刷牙、饭后漱口。
- 勤为幼儿洗澡、换衣服、剪指甲。
- 提醒幼儿保护五官,如不乱挖耳朵、鼻孔,看电视时保持 3 米左右的距离等。

4. 激发幼儿参加体育活动的兴趣,养成锻炼的习惯。如:

- 为幼儿准备多种体育活动材料,鼓励他选择自己喜欢的材料开展活动。
- 经常和幼儿一起在户外运动和游戏,鼓励幼儿和同伴一起开展体育活动。
- 和幼儿一起观看体育比赛或有关体育赛事的电视节目,培养他对体育活动的兴趣。

目标 2　具有基本的生活自理能力

3—4 岁	4—5 岁	5—6 岁
1. 在帮助下能穿脱衣服或鞋袜。 2. 能将玩具和图书放回原处。	1. 能自己穿脱衣服、鞋袜、扣钮扣。 2. 能整理自己的物品。	1. 能知道根据冷热增减衣服。 2. 会自己系鞋带。 3. 能按类别整理好自己的物品。

教育建议:

1. 鼓励幼儿做力所能及的事情,对幼儿的尝试与努力给予肯定,不因做不好或做得慢而包办代替。

2. 指导幼儿学习和掌握生活自理的基本方法,如穿脱衣服和鞋袜、洗手洗脸、擦鼻涕、擦屁股的正确方法。

3. 提供有利于幼儿生活自理的条件。如:

- 提供一些纸箱、盒子,供幼儿收拾和存放自己的玩具、图书或生活用品等。
- 幼儿的衣服、鞋子等要简单实用,便于自己穿脱。

目标 3　具备基本的安全知识和自我保护能力

3—4 岁	4—5 岁	5—6 岁
1. 不吃陌生人给的东西,不跟陌生人走。 2. 在提醒下能注意安全,不做危险的事。 3. 在公共场所走失时,能向警察或有关人员说出自己和家长的名字、电话号码等简单信息。	1. 知道在公共场合不远离成人的视线单独活动。 2. 认识常见的安全标志,能遵守安全规则。 3. 运动时能主动躲避危险。 4. 知道简单的求助方式。	1. 未经大人允许不给陌生人开门。 2. 能自觉遵守基本的安全规则和交通规则。 3. 运动时能注意安全,不给他人造成危险。 4. 知道一些基本的防灾知识。

教育建议:

1. 创设安全的生活环境,提供必要的保护措施。如:

- 要把热水瓶、药品、火柴、刀具等物品放到幼儿够不到的地方;阳台或窗台要有安全保护措施;要使用安全的电源插座等。
- 在公共场所要注意照看好幼儿;幼儿乘车、乘电梯时要有成人陪伴;不把幼儿单独留在家里或汽车里等。

2. 结合生活实际对幼儿进行安全教育。如:

- 外出时，提醒幼儿要紧跟成人，不远离成人的视线，不跟陌生人走，不吃陌生人给的东西；不在河边和马路边玩耍；要遵守交通规则等。
- 帮助幼儿了解周围环境中不安全的事物，不做危险的事。如不动热水壶，不玩火柴或打火机，不摸电源插座，不攀爬窗户或阳台等。
- 帮助幼儿认识常见的安全标识，如：小心触电、小心有毒、禁止下河游泳、紧急出口等。
- 告诉幼儿不允许别人触摸自己的隐私部位。

3. 教给幼儿简单的自救和求救的方法。如：

- 记住自己家庭的住址、电话号码、父母的姓名和单位，一旦走失时知道向成人求助，并能提供必要信息。
- 遇到火灾或其他紧急情况时，知道要拨打110、120、119等求救电话。
- 可利用图书、音像等材料对幼儿进行逃生和求救方面的教育，并运用游戏方式模拟练习。
- 幼儿园应定期进行火灾、地震等自然灾害的逃生演习。

二、语言

语言是交流和思维的工具。幼儿期是语言发展，特别是口语发展的重要时期。幼儿语言的发展贯穿于各个领域，也对其它领域的学习与发展有着重要的影响：幼儿在运用语言进行交流的同时，也在发展着人际交往能力、理解他人和判断交往情境的能力、组织自己思想的能力。通过语言获取信息，幼儿的学习逐步超越个体的直接感知。

幼儿的语言能力是在交流和运用的过程中发展起来的。应为幼儿创设自由、宽松的语言交往环境，鼓励和支持幼儿与成人、同伴交流，让幼儿想说、敢说、喜欢说并能得到积极回应。为幼儿提供丰富、适宜的低幼读物，经常和幼儿一起看图书、讲故事，丰富其语言表达能力，培养阅读兴趣和良好的阅读习惯，进一步拓展学习经验。

幼儿的语言学习需要相应的社会经验支持，应通过多种活动扩展幼儿的生活经验，丰富语言的内容，增强理解和表达能力。应在生活情境和阅读活动中引导幼儿自然而然地产生对文字的兴趣，用机械记忆和强化训练的方式让幼儿过早识字不符合其学习特点和接受能力。

（一）倾听与表达

目标1　认真听并能听懂常用语言

3—4岁	4—5岁	5—6岁
1. 别人对自己说话时能注意听并做出回应。 2. 能听懂日常会话。	1. 在群体中能有意识地听与自己有关的信息。 2. 能结合情境感受到不同语气、语调所表达的不同意思。 3. 方言地区和少数民族幼儿能基本听懂普通话。	1. 在集体中能注意听老师或其他人讲话。 2. 听不懂或有疑问时能主动提问。 3. 能结合情境理解一些表示因果、假设等相对复杂的句子。

教育建议：

1. 多给幼儿提供倾听和交谈的机会。如：经常和幼儿一起谈论他感兴趣的话题，或一起看图书、讲故事。

2. 引导幼儿学会认真倾听。如：

- 成人要耐心倾听别人（包括幼儿）的讲话，等别人讲完再表达自己的观点。
- 与幼儿交谈时，要用幼儿能听得懂的语言。
- 对幼儿提要求和布置任务时要求他注意听，鼓励他主动提问。

3. 对幼儿讲话时，注意结合情境使用丰富的语言，以便于幼儿理解。如：

- 说话时注意语气、语调，让幼儿感受语气、语调的作用。如对幼儿的不合理要求以比较坚定的语气表示不同意；讲故事时，尽量把故事人物高兴、悲伤的心情用不同的语气、语调表现出来。

- 根据幼儿的理解水平有意识地使用一些反映因果、假设、条件等关系的句子。

目标 2　愿意讲话并能清楚地表达

3—4 岁	4—5 岁	5—6 岁
1. 愿意在熟悉的人面前说话，能大方地与人打招呼。 2. 基本会说本民族或本地区的语言。 3. 愿意表达自己的需要和想法，必要时能配以手势动作。 4. 能口齿清楚地说儿歌、童谣或复述简短的故事。	1. 愿意与他人交谈，喜欢谈论自己感兴趣的话题。 2. 会说本民族或本地区的语言，基本会说普通话。少数民族聚居地区幼儿会用普通话进行日常会话。 3. 能基本完整地讲述自己的所见所闻和经历的事情。 4. 讲述比较连贯。	1. 愿意与他人讨论问题，敢在众人面前说话。 2. 会说本民族或本地区的语言和普通话，发音正确清晰。少数民族聚居地区幼儿基本会说普通话。 3. 能有序、连贯、清楚地讲述一件事情。 4. 讲述时能使用常见的形容词、同义词等，语言比较生动。

教育建议：

1. 为幼儿创造说话的机会并体验语言交往的乐趣。

- 每天有足够的时间与幼儿交谈。如谈论他感兴趣的话题，询问和听取他对自己事情的意见等。
- 尊重和接纳幼儿的说话方式，无论幼儿的表达水平如何，都应认真地倾听并给予积极的回应。
- 鼓励和支持幼儿与同伴一起玩耍、交谈，相互讲述见闻、趣事或看过的图书、动画片等。
- 方言和少数民族地区应积极为幼儿创设用普通话交流的语言环境。

2. 引导幼儿清楚地表达。如：

- 和幼儿讲话时，成人自身的语言要清楚、简洁。
- 当幼儿因为急于表达而说不清楚的时候，提醒他不要着急，慢慢说；同时要耐心倾听，给予必要的补充，帮助他理清思路并清晰地说出来。

目标 3　具有文明的语言习惯

3—4 岁	4—5 岁	5—6 岁
1. 与别人讲话时知道眼睛要看着对方。 2. 说话自然，声音大小适中。 3. 能在成人的提醒下使用恰当的礼貌用语。	1. 别人对自己讲话时能回应。 2. 能根据场合调节自己说话声音的大小。 3. 能主动使用礼貌用语，不说脏话、粗话。	1. 别人讲话时能积极主动地回应。 2. 能根据谈话对象和需要，调整说话的语气。 3. 懂得按次序轮流讲话，不随意打断别人。 4. 能依据所处情境使用恰当的语言。如在别人难过时会用恰当的语言表示安慰。

教育建议：

1. 成人注意语言文明，为幼儿做出表率。如：

- 与他人交谈时，认真倾听，使用礼貌用语。
- 在公共场合不大声说话，不说脏话、粗话。
- 幼儿表达意见时，成人可蹲下来，眼睛平视幼儿，耐心听他把话说完。

2. 帮助幼儿养成良好的语言行为习惯。如：

- 结合情境提醒幼儿一些必要的交流礼节。如对长辈说话要有礼貌，客人来访时要打招呼，得到帮助时要说谢谢等。

- 提醒幼儿遵守集体生活的语言规则，如轮流发言，不随意打断别人讲话等。
- 提醒幼儿注意公共场所的语言文明，如不大声喧哗。

（二）阅读与书写准备

目标1　喜欢听故事，看图书

3—4岁	4—5岁	5—6岁
1. 主动要求成人讲故事、读图书。 2. 喜欢跟读韵律感强的儿歌、童谣。 3. 爱护图书，不乱撕、乱扔。	1. 反复看自己喜欢的图书。 2. 喜欢把听过的故事或看过的图书讲给别人听。 3. 对生活中常见的标识、符号感兴趣，知道它们表示一定的意义。	1. 专注地阅读图书。 2. 喜欢与他人一起谈论图书和故事的有关内容。 3. 对图书和生活情境中的文字符号感兴趣，知道文字表示一定的意义。

教育建议：

1. 为幼儿提供良好的阅读环境和条件。如：

- 提供一定数量、符合幼儿年龄特点、富有童趣的图画书。
- 提供相对安静的地方，尽量减少干扰，保证幼儿自主阅读。

2. 激发幼儿的阅读兴趣，培养阅读习惯。如：

- 经常抽时间与幼儿一起看图书、讲故事。
- 提供童谣、故事和诗歌等不同体裁的儿童文学作品，让幼儿自主选择和阅读。
- 当幼儿遇到感兴趣的事物或问题时，和他一起查阅图书资料，让他感受图书的作用，体会通过阅读获取信息的乐趣。

3. 引导幼儿体会标识、文字符号的用途。如：

- 向幼儿介绍医院、公用电话等生活中的常见标识，让他知道标识可以代表具体事物。
- 结合生活实际，帮助幼儿体会文字的用途。如买来新玩具时，把说明书上的文字念给幼儿听，了解玩具的玩法。

目标2　具有初步的阅读理解能力

3—4岁	4—5岁	5—6岁
1. 能听懂短小的儿歌或故事。 2. 会看画面，能根据画面说出图中有什么，发生了什么事等。 3. 能理解图书上的文字是和画面对应的，是用来表达画面意义的。	1. 能大体讲出所听故事的主要内容。 2. 能根据连续画面提供的信息，大致说出故事的情节。 3. 能随着作品的展开产生喜悦、担忧等相应的情绪反应，体会作品所表达的情绪情感。	1. 能说出所阅读的幼儿文学作品的主要内容。 2. 能根据故事的部分情节或图书画面的线索猜想故事情节的发展，或续编、创编故事。 3. 对看过的图书、听过的故事能说出自己的看法。 4. 能初步感受文学语言的美。

教育建议：

1. 经常和幼儿一起阅读，引导他以自己的经验为基础理解图书的内容。如：

- 引导幼儿仔细观察画面，结合画面讨论故事内容，学习建立画面与故事内容的联系。
- 和幼儿一起讨论或回忆书中的故事情节，引导他有条理地说出故事的大致内容。
- 在给幼儿读书或讲故事时，可先不告诉名字，让幼儿听完后自己命名，并说出这样命名的理由。
- 鼓励幼儿自主阅读，并与他人讨论自己在阅读中的发现、体会和想法。

2. 在阅读中发展幼儿的想象和创造能力。如：

- 鼓励幼儿依据画面线索讲述故事，大胆推测、想象故事情节的发展，改编故事部分情节或续编故事结尾。
- 鼓励幼儿用故事表演、绘画等不同的方式表达自己对图书和故事的理解。
- 鼓励和支持幼儿自编故事，并为自编的故事配上图画，制成图画书。

3. 引导幼儿感受文学作品的美。如：

- 有意识地引导幼儿欣赏或模仿文学作品的语言节奏和韵律。
- 给幼儿读书时，通过表情、动作和抑扬顿挫的声音传达书中的情绪情感，让幼儿体会作品的感染力和表现力。

目标 3　具有书面表达的愿望和初步技能

3—4 岁	4—5 岁	5—6 岁
1. 喜欢用涂涂画画表达一定的意思。	1. 愿意用图画和符号表达自己的愿望和想法。 2. 在成人提醒下，写写画画时姿势正确。	1. 愿意用图画和符号表现事物或故事。 2. 会正确书写自己的名字。 3. 写画时姿势正确。

教育建议：

1. 让幼儿在写写画画的过程中体验文字符号的功能，培养书写兴趣。如：

- 准备供幼儿随时取放的纸、笔等材料，也可利用沙地、树枝等自然材料，满足幼儿自由涂画的需要。
- 鼓励幼儿将自己感兴趣的事情或故事画下来并讲给别人听，让幼儿体会写写画画的方式可以表达自己的想法和情感。
- 把幼儿讲过的事情用文字记录下来，并念给他听，使幼儿知道说的话可以用文字记录下来，从中体会文字的用途。

2. 在绘画和游戏中做必要的书写准备，如：

- 通过把虚线画出的图形轮廓连成实线等游戏，促进手眼协调，同时帮助幼儿学习由上至下、由左至右的运笔技能。
- 鼓励幼儿学习书写自己的名字。
- 提醒幼儿写画时保持正确姿势。

三、社会

幼儿社会领域的学习与发展过程是其社会性不断完善并奠定健全人格基础的过程。人际交往和社会适应是幼儿社会学习的主要内容，也是其社会性发展的基本途径。幼儿在与成人和同伴交往的过程中，不仅学习如何与人友好相处，也在学习如何看待自己、对待他人，不断发展适应社会生活的能力。良好的社会性发展对幼儿身心健康和其它各方面的发展都具有重要影响。

家庭、幼儿园和社会应共同努力，为幼儿创设温暖、关爱、平等的家庭和集体生活氛围，建立良好的亲子关系、师生关系和同伴关系，让幼儿在积极健康的人际关系中获得安全感和信任感，发展自信和自尊，在良好的社会环境及文化的熏陶中学会遵守规则，形成基本的认同感和归属感。

幼儿的社会性主要是在日常生活和游戏中通过观察和模仿潜移默化地发展起来的。成人应注重自己言行的榜样作用，避免简单生硬的说教。

（一）人际交往

目标1　愿意与人交往

3—4岁	4—5岁	5—6岁
1. 愿意和小朋友一起游戏。 2. 愿意与熟悉的长辈一起活动。	1. 喜欢和小朋友一起游戏，有经常一起玩的小伙伴。 2. 喜欢和长辈交谈，有事愿意告诉长辈。	1. 有自己的好朋友，也喜欢结交新朋友。 2. 有问题愿意向别人请教。 3. 有高兴的或有趣的事愿意与大家分享。

教育建议：

1. 主动亲近和关心幼儿，经常和他一起游戏或活动，让幼儿感受到与成人交往的快乐，建立亲密的亲子关系和师生关系。

2. 创造交往的机会，让幼儿体会交往的乐趣。如：

- 利用走亲戚、到朋友家做客或有客人来访的时机，鼓励幼儿与他人接触和交谈。
- 鼓励幼儿参加小朋友的游戏，邀请小朋友到家里玩，感受有朋友一起玩的快乐。
- 幼儿园应多为幼儿提供自由交往和游戏的机会，鼓励他们自主选择、自由结伴开展活动。

目标2　能与同伴友好相处

3—4岁	4—5岁	5—6岁
1. 想加入同伴的游戏时，能友好地提出请求。 2. 在成人指导下，不争抢、不独霸玩具。 3. 与同伴发生冲突时，能听从成人的劝解。	1. 会运用介绍自己、交换玩具等简单技巧加入同伴游戏。 2. 对大家都喜欢的东西能轮流、分享。 3. 与同伴发生冲突时，能在他人帮助下和平解决。 4. 活动时愿意接受同伴的意见和建议。 5. 不欺负弱小。	1. 能想办法吸引同伴和自己一起游戏。 2. 活动时能与同伴分工合作，遇到困难能一起克服。 3. 与同伴发生冲突时能自己协商解决。 4. 知道别人的想法有时和自己不一样，能倾听和接受别人的意见，不能接受时会说明理由。 5. 不欺负别人，也不允许别人欺负自己。

教育建议：

1. 结合具体情境，指导幼儿学习交往的基本规则和技能。如：

- 当幼儿不知怎样加入同伴游戏，或提出请求不被接受时，建议他拿出玩具邀请大家一起玩；或者扮成某个角色加入同伴的游戏。
- 对幼儿与别人分享玩具、图书等行为给予肯定，让他对自己的表现感到高兴和满足。
- 当幼儿与同伴发生矛盾或冲突时，指导他尝试用协商、交换、轮流玩、合作等方式解决冲突。
- 利用相关的图书、故事，结合幼儿的交往经验，和他讨论什么样的行为受大家欢迎，想要得到别人的接纳应该怎样做。
- 幼儿园应多为幼儿提供需要大家齐心协力才能完成的活动，让幼儿在具体活动中体会合作的重要性，学习分工合作。

2. 结合具体情境，引导幼儿换位思考，学习理解别人。如：

- 幼儿有争抢玩具等不友好行为时，引导他们想想“假如你是那个小朋友，你有什么感受？”让幼儿学习理解别人的想法和感受。

3. 和幼儿一起谈谈他的好朋友，说说喜欢这个朋友的原因，引导他多发现同伴的优点、长处。

目标 3 具有自尊、自信、自主的表现

3—4 岁	4—5 岁	5—6 岁
1. 能根据自己的兴趣选择游戏或其它活动。 2. 为自己的好行为或活动成果感到高兴。 3. 自己能做的事情愿意自己做。 4. 喜欢承担一些小任务。	1. 能按自己的想法进行游戏或其他活动。 2. 知道自己的一些优点和长处,并对此感到满意。 3. 自己的事情尽量自己做,不愿意依赖别人。 4. 敢于尝试有一定难度的活动和任务。	1. 能主动发起活动或在活动中出主意、想办法。 2. 做了好事或取得了成功后还想做得更好。 3. 自己的事情自己做,不会的愿意学。 4. 主动承担任务,遇到困难能够坚持而不轻易求助。 5. 与别人的看法不同时,敢于坚持自己的意见并说出理由。

教育建议:

1. 关注幼儿的感受,保护其自尊心和自信心。如:

- 能以平等的态度对待幼儿,使幼儿切实感受到自己被尊重。
- 对幼儿好的行为表现多给予具体、有针对性的肯定和表扬,让他对自己优点和长处有所认识并感到满足和自豪。
- 不要拿幼儿的不足与其他幼儿的优点作比较。

2. 鼓励幼儿自主决定,独立做事,增强其自尊心和自信心。如:

- 与幼儿有关的事情要征求他的意见,即使他的意见与成人不同,也要认真倾听,接受他的合理要求。
- 在保证安全的情况下,支持幼儿按自己的想法做事;或提供必要的条件,帮助他实现自己的想法。
- 幼儿自己的事情尽量放手让他自己做,即使做得不够好,也应鼓励并给予一定的指导,让他在做事中树立自尊和自信。
- 鼓励幼儿尝试有一定难度的任务,并注意调整难度,让他感受经过努力获得的成就感。

目标 4 关心尊重他人

3—4 岁	4—5 岁	5—6 岁
1. 长辈讲话时能认真听,并能听从长辈的要求。 2. 身边的人生病或不开心时表示同情。 3. 在提醒下能做到不打扰别人。	1. 会用礼貌的方式向长辈表达自己的要求和想法。 2. 能注意到别人的情绪,并有关心、体贴的表现。 3. 知道父母的职业,能体会到父母为养育自己所付出的辛劳。	1. 能有礼貌地与人交往。 2. 能关注别人的情绪和需要,并能给予力所能及的帮助。 3. 尊重为大家提供服务的人,珍惜他们的劳动成果。 4. 接纳、尊重与自己的生活方式或习惯不同的人。

教育建议:

1. 成人以身作则,以尊重、关心的态度对待自己的父母、长辈和其他人。如:

- 经常问候父母,主动做家务。
- 礼貌地对待老年人,如坐车时主动为老人让座。
- 看到别人有困难能主动关心并给予一定的帮助。

2. 引导幼儿尊重、关心长辈和身边的人,尊重他人劳动及成果。如:

- 提醒幼儿关心身边的人,如妈妈累了,知道让她安静休息一会儿。
- 借助故事、图书等给幼儿讲讲父母抚育孩子成长的经历,让幼儿理解和体会父爱与母爱。

- 结合实际情境,提醒幼儿注意别人的情绪,了解他们的需要,给予适当的关心和帮助。
- 利用生活机会和角色游戏,帮助幼儿了解与自己关系密切的社会服务机构及其工作,如商场、邮局、医院等,体会这些机构给大家提供的便利和服务,懂得尊重工作人员的劳动,珍惜劳动成果。

3. 引导幼儿学习用平等、接纳和尊重的态度对待差异。如:

- 了解每个人都有自己的兴趣、爱好和特长,可以相互学习。
- 利用民间游戏、传统节日等,适当向幼儿介绍我国主要民族和世界其它国家和民族的文化,帮助幼儿感知文化的多样性和差异性,理解人们之间是平等的,应该互相尊重,友好相处。

(二) 社会适应

目标 1　喜欢并适应群体生活

3—4 岁	4—5 岁	5—6 岁
1. 对群体活动有兴趣。 2. 对幼儿园的生活好奇,喜欢上幼儿园。	1. 愿意并主动参加群体活动。 2. 愿意与家长一起参加社区的一些群体活动。	1. 在群体活动中积极、快乐。 2. 对小学生活有好奇和向往。

教育建议:

1. 经常和幼儿一起参加一些群体性的活动,让幼儿体会群体活动的乐趣。如:参加亲戚、朋友和同事间的聚会以及适合幼儿参加的社区活动等,支持幼儿和不同群体的同伴一起游戏,丰富其群体活动的经验。

2. 幼儿园组织活动时,可以经常打破班级的界限,让幼儿有更多机会参加不同群体的活动。

3. 带领大班幼儿参观小学,讲讲小学有趣的活动,唤起他们对小学生活的好奇和向往,为入学做好心理准备。

目标 2　遵守基本的行为规范

3—4 岁	4—5 岁	5—6 岁
1. 在提醒下,能遵守游戏和公共场所的规则。 2. 知道不经允许不能拿别人的东西,借别人的东西要归还。 3. 在成人提醒下,爱护玩具和其他物品。	1. 感受规则的意义,并能基本遵守规则。 2. 不私自拿不属于自己的东西。 3. 知道说谎是不对的。 4. 知道接受了的任务要努力完成。 5. 在提醒下,能节约粮食、水电等。	1. 理解规则的意义,能与同伴协商制定游戏和活动规则。 2. 爱惜物品,用别人的东西时也知道爱护。 3. 做了错事敢于承认,不说谎。 4. 能认真负责地完成自己所接受的任务。 5. 爱护身边的环境,注意节约资源。

教育建议:

1. 成人要遵守社会行为规则,为幼儿树立良好的榜样。如:答应幼儿的事一定要做到、尊老爱幼、爱护公共环境,节约水电等。

2. 结合社会生活实际,帮助幼儿了解基本行为规则或其它游戏规则,体会规则的重要性,学习自觉遵守规则。如:

- 经常和幼儿玩带有规则的游戏,遵守共同约定的游戏规则。
- 利用实际生活情境和图书故事,向幼儿介绍一些必要的社会行为规则,以及为什么要遵守这些规则。
- 在幼儿园的区域活动中,创设情境,让幼儿体会没有规则的不方便,鼓励他们讨论制定规则并自觉遵守。

- 对幼儿表现出的遵守规则的行为要及时肯定，对违规行为给予纠正。如：幼儿主动为老人让座时要表扬；幼儿损害别人的物品或公共物品时要及时制止并主动赔偿。

3. 教育幼儿要诚实守信。如：

- 对幼儿诚实守信的行为要及时肯定。
- 允许幼儿犯错误，告诉他改了就好。不要打骂幼儿，以免他因害怕惩罚而说谎。
- 小年龄幼儿经常分不清想象和现实，成人不要误认为他是在说谎。
- 发现幼儿说谎时，要反思是否是因自己对幼儿的要求过高过严造成的。如果是，要及时调整自己的行为，同时要严肃地告诉幼儿说谎是不对的。
- 经常给幼儿分配一些力所能及的任务，要求他完成并及时给予表扬，培养他的责任感和认真负责的态度。

目标 3　具有初步的归属感

3—4 岁	4—5 岁	5—6 岁
1. 知道和自己一起生活的家庭成员及与自己的关系，体会到自己是家庭的一员。 2. 能感受到家庭生活的温暖，爱父母，亲近与信赖长辈。 3. 能说出自己家所在街道、小区（乡镇、村）的名称。 4. 认识国旗，知道国歌。	1. 喜欢自己所在的幼儿园和班级，积极参加集体活动。 2. 能说出自己家所在地的省、市、县（区）名称，知道当地有代表性的物产或景观。 3. 知道自己是中国人。 4. 奏国歌、升国旗时能自动站好。	1. 愿意为集体做事，为集体的成绩感到高兴。 2. 能感受到家乡的发展变化并为此感到高兴。 3. 知道自己的民族，知道中国是一个多民族的大家庭，各民族之间要互相尊重，团结友爱。 4. 知道国家一些重大成就，爱祖国，为自己是中国人感到自豪。

教育建议：

1. 亲切地对待幼儿，关心幼儿，让他感到长辈是可亲、可近、可信赖的，家庭和幼儿园是温暖的。如：

- 多和孩子一起游戏、谈笑，尽量在家庭和班级中营造温馨的氛围。
- 通过和幼儿一起翻阅照片、讲幼儿成长的故事等，让幼儿感受到家庭和幼儿园的温暖，老师的和蔼可亲，对养育自己的人产生感激之情。

2. 吸引和鼓励幼儿参加集体活动，萌发集体意识。如：

- 幼儿园和班级里的重大事情和计划，请幼儿集体讨论决定。
- 幼儿园应经常组织多种形式的集体活动，萌发幼儿的集体荣誉感。

3. 运用幼儿喜闻乐见和能够理解的方式激发幼儿爱家乡、爱祖国的情感。如：

- 和幼儿说一说或在地图上找一找自己家所在的省、市、县（区）名称。
- 和幼儿一起外出游玩，一起看有关的电视节目或画报等；和他们一起收集有关家乡、祖国各地的风景名胜、著名的建筑、独特物产的图片等，在观看和欣赏的过程中激发幼儿的自豪感和热爱之情。
- 利用电视节目或参加升旗等活动，向幼儿介绍国旗、国歌以及观看升旗、奏国歌的礼仪。
- 向幼儿介绍反映中国人聪明才智的发明和创造，激发幼儿的民族自豪感。

四、科学

幼儿的科学学习是在探究具体事物和解决实际问题中，尝试发现事物间的异同和联系的过程。幼儿在对自然事物的探究和运用数学解决实际生活问题的过程中，不仅获得丰富的感性经验，充分发展形象思维，而且初步尝试归类、排序、判断、推理，逐步发展逻辑思维能力，为其它领域的深入学习奠定基础。

幼儿科学学习的核心是激发探究兴趣，体验探究过程，发展初步的探究能力。成人要善于发现和保护幼儿的好奇心，充分利用自然和实际生活机会，引导幼儿通过观察、比较、操作、实验等方法，学习发现问题、分析问题和解决问题；帮助幼儿不断积累经验，并运用于新的学习活动，形成受益终身的学习态度和能力。

幼儿的思维特点是以具体形象思维为主，应注重引导幼儿通过直接感知、亲身体验和实际操作进行科学学习，不应为追求知识和技能的掌握，对幼儿进行灌输和强化训练。

（一）科学探究

目标1　亲近自然，喜欢探究

3—4岁	4—5岁	5—6岁
1. 喜欢接触大自然，对周围的很多事物和现象感兴趣。 2. 经常问各种问题，或好奇地摆弄物品。	1. 喜欢接触新事物，经常问一些与新事物有关的问题。 2. 常常动手动脑探索物体和材料，并乐在其中。	1. 对自己感兴趣的问题总是刨根问底。 2. 能经常动手动脑寻找问题的答案。 3. 探索中有所发现时感到兴奋和满足。

教育建议：

1. 经常带幼儿接触大自然，激发其好奇心与探究欲望。如：

- 为幼儿提供一些有趣的探究工具，用自己的好奇心和探究积极性感染和带动幼儿。
- 和幼儿一起发现并分享周围新奇、有趣的事物或现象，一起寻找问题的答案。
- 通过拍照和画图等方式保留和积累有趣的探索与发现。

2. 真诚地接纳、多方面支持和鼓励幼儿的探索行为。如：

- 认真对待幼儿的问题，引导他们猜一猜、想一想，有条件时和幼儿一起做一些简易的调查或有趣的小实验。
- 容忍幼儿因探究而弄脏、弄乱、甚至破坏物品的行为，引导他们活动后做好收拾整理。
- 多为幼儿选择一些能操作、多变化、多功能的玩具材料或废旧材料，在保证安全的前提下，鼓励幼儿拆装或动手自制玩具。

目标2　具有初步的探究能力

3—4岁	4—5岁	5—6岁
1. 对感兴趣的事物能仔细观察，发现其明显特征。 2. 能用多种感官或动作去探索物体，关注动作所产生的结果。	1. 能对事物或现象进行观察比较，发现其相同与不同。 2. 能根据观察结果提出问题，并大胆猜测答案。 3. 能通过简单的调查收集信息。 4. 能用图画或其他符号进行记录。	1. 能通过观察、比较与分析，发现并描述不同种类物体的特征或某个事物前后的变化。 2. 能用一定的方法验证自己的猜测。 3. 在成人的帮助下能制定简单的调查计划并执行。 4. 能用数字、图画、图表或其他符号记录。 5. 探究中能与他人合作与交流。

教育建议：

1. 有意识地引导幼儿观察周围事物，学习观察的基本方法，培养观察与分类能力。如：

- 支持幼儿自发的观察活动，对其发现表示赞赏。
- 通过提问等方式引导幼儿思考并对事物进行比较观察和连续观察。
- 引导幼儿在观察和探索的基础上，尝试进行简单的分类、概括。如：根据运动方式给动物分类，根据生长环境给植物分类，根据外部特征给物体分类等等。

2. 支持和鼓励幼儿在探究的过程中积极动手动脑寻找答案或解决问题。如：

- 鼓励幼儿根据观察或发现提出值得继续探究的问题，或成人提出有探究意义且能激发幼儿兴趣的问题。如：皮球、轮胎、竹筒等物体滚动时都走直线吗？怎样让橡皮泥球浮在水面上？
- 支持和鼓励幼儿大胆联想、猜测问题的答案，并设法验证。如：玩风车时，鼓励幼儿猜测风车转动方向及速度快慢的原因和条件，并实际去验证。
- 支持、引导幼儿学习用适宜的方法探究和解决问题，或为自己的想法收集证据。如：想知道院子里有多少种植物，可以进行实地调查；想知道球在平地上还是在斜坡上滚得快，可以动手试一试；想证明影子的方向与太阳的位置有关，可以做个小实验进行验证等。

3. 鼓励和引导幼儿学习做简单的计划和记录，并与他人交流分享。如：

- 和幼儿共同制定调查计划，讨论调查对象、步骤和方法等，也可以和幼儿一起设法用图画、箭头等标识呈现计划。
- 鼓励幼儿用绘画、照相、做标本等办法记录观察和探究的过程与结果，注意要让记录有意义，通过记录帮助幼儿丰富观察经验、建立事物之间的联系和分享发现。
- 支持幼儿与同伴合作探究与分享交流，引导他们在交流中尝试整理、概括自己探究的成果，体验合作探究和发现的乐趣。如一起讨论和分享自己的问题与发现，一起想办法收集资料和验证猜测。

4. 帮助幼儿回顾自己探究过程，讨论自己做了什么，怎么做的，结果与计划目标是否一致，分析一下原因以及下一步要怎样做等。

目标 3　在探究中认识周围事物和现象

3—4 岁	4—5 岁	5—6 岁
1. 认识常见的动植物，能注意并发现周围的动植物是多种多样的。 2. 能感知和发现物体和材料的软硬、光滑和粗糙等特性。 3. 能感知和体验天气对自己生活和活动的影响。 4. 初步了解和体会动植物和人们生活的关系。	1. 能感知和发现动植物的生长变化及其基本条件。 2. 能感知和发现常见材料的溶解、传热等性质或用途。 3. 能感知和发现简单物理现象，如物体形态或位置变化等。 4. 能感知和发现不同季节的特点，体验季节对动植物和人的影响。 5. 初步感知常用科技产品与自己生活的关系，知道科技产品有利也有弊。	1. 能察觉到动植物的外形特征、习性与生存环境的适应关系。 2. 能发现常见物体的结构与功能之间的关系。 3. 能探索并发现常见的物理现象产生的条件或影响因素，如影子、沉浮等。 4. 感知并了解季节变化的周期性，知道变化的顺序。 5. 初步了解人们的生活与自然环境的密切关系，知道尊重和珍惜生命，保护环境。

教育建议：

1. 支持幼儿在接触自然、生活事物和现象中积累有益的直接经验和感性认识。如：

- 和幼儿一起通过户外活动、参观考察、种植和饲养活动，感知生物的多样性和独特性，以及生长发育、繁殖和死亡的过程。
- 给幼儿提供丰富的材料和适宜的工具，支持幼儿在游戏过程中探索并感知常见物质、材料的特性和物体的结构特点。

2. 引导幼儿在探究中思考，尝试进行简单的推理和分析，发现事物之间明显的关联。如：

- 引导 5 岁以上幼儿关注和思考动植物的外部特征、习性与生活环境对动植物生存的意义。如兔子的长耳朵具有自我保护的作用；植物种子的形状有助于其传播等。
- 引导幼儿根据常见物质、材料的特性和物体的结构特点，推测和证实它们的用途。如：带轮子的物体方便移动；不同用途的车辆有不同的结构等等。

3. 引导幼儿关注和了解自然、科技产品与人们生活的密切关系，逐渐懂得热爱、尊重、保护自然。如：

- 结合幼儿的生活需要，引导他们体会人与自然、动植物的依赖关系。如：动植物、季节变化与人们生活的关系、常见灾害性天气给人们生产和生活带来的影响等。
- 和幼儿一起讨论常见科技产品的用途和弊端，如：汽车等交通工具给生活带来的方便和对环境的污染等。

（二）数学认知

目标1　初步感知生活中数学的有用和有趣

3—4岁	4—5岁	5—6岁
1. 感知和发现周围物体的形状是多种多样的，对不同的形状感兴趣。 2. 体验和发现生活中很多地方都用到数。	1. 在指导下，感知和体会有些事物可以用形状来描述。 2. 在指导下，感知和体会有些事物可以用数来描述，对环境中各种数字的含义有进一步探究的兴趣。	1. 能发现事物简单的排列规律，并尝试创造新的排列规律。 2. 能发现生活中许多问题都可以用数学的方法来解决，体验解决问题的乐趣。

教育建议：

1. 引导幼儿注意事物的形状特征，尝试用表示形状的词来描述事物，体会描述的生动形象性和趣味性。如：

- 参观游览后，和幼儿一起谈论所看到的事物的形状，鼓励幼儿产生联想，并用自己的语言进行描述。如：熊猫的身体圆圆的，全身好像是一个个的圆形组成的。
- 和幼儿交谈或读书讲故事时，适当地运用一些有关形状的词汇来描述事物，如看图片时，和幼儿讨论奥运会场馆的形状，体会为什么有的场馆叫“水立方”，有的叫“鸟巢”。

2. 引导幼儿感知和体会生活中很多地方都用到数，关注周围与自己生活密切相关的数的信息，体会数可以代表不同的意义。如：

- 和幼儿一起寻找发现生活中用数字作标识的事物，如电话号码、时钟、日历和商品的价签等。
- 引导幼儿了解和感受数用在不同的地方，表示的意义是不一样的。如天气预报中表示气温的数代表冷热状况；钟表上的数表明时间的早晚等。
- 鼓励幼儿尝试使用数的信息进行一些简单的推理。如知道今天是星期五，能推断明天是星期六，爸爸妈妈休息。

3. 引导幼儿观察发现按照一定规律排列的事物，体会其中的排列特点与规律，并尝试自己创造出新的排列规律。如：

- 和幼儿一起发现和体会按一定顺序排列的队形整齐有序。
- 提供具有重复性旋律和词语的音乐、儿歌和故事，或利用环境中有序排列的图案（如按颜色间隔排列的瓷砖、按形状间隔排列的珠帘等），鼓励幼儿发现和感受其中的规律。
- 鼓励幼儿尝试自己设计有规律的花边图案、创编有一定规律的动作，或者按某种规律进行搭建活动。
- 引导幼儿体会生活中很多事情都是有一定顺序和规律的，如一周七天的顺序是从周一到周日，一年四季按照春夏秋冬轮回等。

4. 鼓励和支持幼儿发现、尝试解决日常生活中需要用到数学的问题，体会数学的用处。如：

- 拍球、跳绳、跳远或投沙包时，可通过数数、测量的方法确定名次。
- 讨论春游去哪里玩时，让幼儿商量想去哪里玩？每个想去的地方有多少人？根据统计结果做出决定。
- 滑滑梯时，按照“先来先玩”的规则有序地排队玩。

目标 2　感知和理解数、量及数量关系

3—4 岁	4—5 岁	5—6 岁
1. 能感知和区分物体的大小、多少、高矮长短等量方面的特点，并能用相应的词表示。 2. 能通过一一对应的方法比较两组物体的多少。 3. 能手口一致地点数 5 个以内的物体，并能说出总数。能按数取物。 4. 能用数词描述事物或动作。如我有 4 本图书。	1. 能感知和区分物体的粗细、厚薄、轻重等量方面的特点，并能用相应的词语描述。 2. 能通过数数比较两组物体的多少。 3. 能通过实际操作理解数与数之间的关系，如 5 比 4 多 1；2 和 3 合在一起是 5。 4. 会用数词描述事物的排列顺序和位置。	1. 初步理解量的相对性。 2. 借助实际情境和操作（如合并或拿取）理解“加”和“减”的实际意义。 3. 能通过实物操作或其它方法进行 10 以内的加减运算。 4. 能用简单的记录表、统计图等表示简单的数量关系。

教育建议：

1. 引导幼儿感知和理解事物“量”的特征。如：

- 感知常见事物的大小、多少、高矮、粗细等量的特征，学习使用相应的词汇描述这些特征。
- 结合具体事物让幼儿通过多次比较逐渐理解“量”是相对的。如小亮比小明高，但比小强矮。
- 收拾物品时，根据情况，鼓励幼儿按照物体量的特征分类整理。如整理图书时按照大小摆放。

2. 结合日常生活，指导幼儿学习通过对应或数数的方式比较物体的多少。如：

- 鼓励幼儿在一对一配对的过程中发现两组物体的多少。如，在给桌子上的每个碗配上勺子时，发现碗和勺多少的不同。
- 鼓励幼儿通过数数比较两样东西的多少。如数一数有多少个苹果，多少个梨，判断苹果和梨哪个多，哪个少。

3. 利用生活和游戏中的实际情境，引导幼儿理解数概念。如：

- 结合生活需要，和幼儿一起手口一致点数物体，得出物体的总数。
- 通过点数的方式让幼儿体会物体的数量不会因排列形式、空间位置的不同而发生变化。如鼓励幼儿将一定数量的扣子以不同的形式摆放，体会扣子的数量是不变的。
- 结合日常生活，为幼儿提供“按数取物”的机会，如游戏时，请幼儿按要求拿出几个球。

4. 通过实物操作引导幼儿理解数与数之间的关系，并用“加”或“减”的办法来解决问题。如：

- 游戏中遇到让 4 个小动物住进两间房子的问题，或生活中遇到将 5 块饼干分给两个小朋友问题时，让幼儿尝试不同的分法。
- 鼓励幼儿尝试自己解决生活中的数学问题。如家里来了 5 位客人，桌子上只有 3 个杯子，还需要几个杯子等。
- 购少量物品时，有意识地鼓励幼儿参与计算和付款的过程等。

目标 3　感知形状与空间关系

3—4 岁	4—5 岁	5—6 岁
1. 能注意物体较明显的形状特征，并能用自己的语言描述。 2. 能感知物体基本的空间位置与方位，理解上下、前后、里外等方位词。	1. 能感知物体的形体结构特征，画出或拼搭出该物体的造型。 2. 能感知和发现常见几何图形的基本特征，并能进行分类。 3. 能使用上下、前后、里外、中间、旁边等方位词描述物体的位置和运动方向。	1. 能用常见的几何形体有创意地拼搭和画出物体的造型。 2. 能按语言指示或根据简单示意图正确取放物品。 3. 能辨别自己的左右。

教育建议：

1. 用多种方法帮助幼儿在物体与几何形体之间建立联系。如：

- 引导幼儿感受生活中各种物品的形状特征，并尝试识别和描述。如感受和识别盘子、桌子、车轮、地砖等物品的形状特征。
- 鼓励和支持幼儿用积木、纸盒、拼板等各种形状材料进行建构游戏或制作活动。如用长方形的纸盒加两个圆形瓶盖制作“汽车”。
- 收拾整理积木时，引导幼儿体验图形之间的转换。如两个三角形可组合成一个正方形，两个正方形可组合成一个长方形。
- 引导幼儿注意观察生活物品的图形特征，鼓励他们按形状分类整理物品。

2. 丰富幼儿空间方位识别的经验，引导幼儿运用空间方位经验解决问题。如：

- 请幼儿取放物体时，使用他们能够理解的方位词，如把桌子下面的东西放到窗台上，把花盆放在大树旁边等。
- 和幼儿一起识别熟悉场所的位置。如超市在家的旁边，邮局在幼儿园的前面。
- 在体育、音乐和舞蹈活动中，引导幼儿感受空间方位和运动方向。
- 和幼儿玩按指令找宝的游戏。对年龄小的幼儿要求他们按语言指令寻找，对年龄大些的幼儿可要求按照简单的示意图寻找。

五、艺术

艺术是人类感受美、表现美和创造美的重要形式，也是表达自己对周围世界的认识和情绪态度的独特方式。

每个幼儿心里都有一颗美的种子。幼儿艺术领域学习的关键在于充分创造条件和机会，在大自然和社会文化生活中萌发幼儿对美的感受和体验，丰富其想象力和创造力，引导幼儿学会用心灵去感受和发现美，用自己的方式去表现和创造美。

幼儿对事物的感受和理解不同于成人，他们表达自己认识和情感的方式也有别于成人。幼儿独特的笔触、动作和语言往往蕴含着丰富的想象和情感，成人应对幼儿的艺术表现给予充分的理解和尊重，不能用自己的审美标准去评判幼儿，更不能为追求结果的“完美”而对幼儿进行千篇一律的训练，以免扼杀其想象与创造的萌芽。

（一）感受与欣赏

目标 1　喜欢自然界与生活中美的事物

3—4 岁	4—5 岁	5—6 岁
1. 喜欢观看花草树木、日月星空等大自然中美的事物。 2. 容易被自然界中的鸟鸣、风声、雨声等好听的声音所吸引。	1. 在欣赏自然界和生活环境中美的事物时，关注其色彩、形态等特征。 2. 喜欢倾听各种好听的声音，感知声音的高低、长短、强弱等变化。	1. 乐于收集美的物品或向别人介绍所发现的美的事物。 2. 乐于模仿自然界和生活环境中有特点的声音，并产生相应的联想。

教育建议：

1. 和幼儿一起感受、发现和欣赏自然环境和人文景观中美的事物。如：

- 让幼儿多接触大自然，感受和欣赏美丽的景色和好听的声音。
- 经常带幼儿参观园林、名胜古迹等人文景观，讲讲有关的历史故事、传说，与幼儿一起讨论和交流对美的感受。

2. 和幼儿一起发现美的事物的特征，感受和欣赏美。如：

- 让幼儿观察常见动植物以及其它物体，引导幼儿用自己的语言、动作等描述它们美的方面，如颜色、形状、形态等。

- 让幼儿倾听和分辨各种声响，引导幼儿用自己的方式来表达他对音色、强弱、快慢的感受。
- 支持幼儿收集喜欢的物品并和他一起欣赏。

目标 2　喜欢欣赏多种多样的艺术形式和作品

3—4 岁	4—5 岁	5—6 岁
1. 喜欢听音乐或观看舞蹈、戏剧等表演。 2. 乐于观看绘画、泥塑或其它艺术形式的作品。	1. 能够专心地观看自己喜欢的文艺演出或艺术品，有模仿和参与的愿望。 2. 欣赏艺术作品时会产生相应的联想和情绪反应。	1. 艺术欣赏时常常用表情、动作、语言等方式表达自己的理解。 2. 愿意和别人分享、交流自己喜爱的艺术作品和美感体验。

教育建议：

1. 创造条件让幼儿接触多种艺术形式和作品。如：

- 经常让幼儿接触适宜的、各种形式的音乐作品，丰富幼儿对音乐的感受和体验。
- 和幼儿一起用图画、手工制品等装饰和美化环境。
- 带幼儿观看或共同参与传统民间艺术和地方民俗文化活动，如皮影戏、剪纸和捏面人等。
- 有条件的情况下，带幼儿去剧院、美术馆、博物馆等欣赏文艺表演和艺术作品。

2. 尊重幼儿的兴趣和独特感受，理解他们欣赏时的行为。如：

- 理解和尊重幼儿在欣赏艺术作品时的手舞足蹈、即兴模仿等行为。
- 当幼儿主动介绍自己喜爱的舞蹈、戏曲、绘画或工艺品时，要耐心倾听并给予积极回应和鼓励。

（二）表现与创造

目标 1　喜欢进行艺术活动并大胆表现

3—4 岁	4—5 岁	5—6 岁
1. 经常自哼自唱或模仿有趣的动作、表情和声调。 2. 经常涂涂画画、粘粘贴贴并乐在其中。	1. 经常唱唱跳跳，愿意参加歌唱、律动、舞蹈、表演等活动。 2. 经常用绘画、捏泥、手工制作等多种方式表现自己的所见所想。	1. 积极参与艺术活动，有自己比较喜欢的活动形式。 2. 能用多种工具、材料或不同的表现手法表达自己的感受和想象。 3. 艺术活动中能与他人相互配合，也能独立表现。

教育建议：

1. 创造机会和条件，支持幼儿自发的艺术表现和创造。

- 提供丰富的便于幼儿取放的材料、工具或物品，支持幼儿进行自主绘画、手工、歌唱、表演等艺术活动。
- 经常和幼儿一起唱歌、表演、绘画、制作，共同分享艺术活动的乐趣。

2. 营造安全的心理氛围，让幼儿敢于并乐于表达表现。如：

- 欣赏和回应幼儿的哼哼唱唱、模仿表演等自发的艺术活动，赞赏他独特的表现方式。
- 在幼儿自主表达创作过程中，不做过多干预或把自己的意愿强加给幼儿，在幼儿需要时再给予具体的帮助。
- 了解并倾听幼儿艺术表现的想法或感受，领会并尊重幼儿的创作意图，不简单用“像不像”、“好不好”等成人标准来评价。
- 展示幼儿的作品，鼓励幼儿用自己的作品或艺术品布置环境。

目标 2　具有初步的艺术表现与创造能力

3—4 岁	4—5 岁	5—6 岁
1. 能模仿学唱短小歌曲。 2. 能跟随熟悉的音乐做身体动作。 3. 能用声音、动作、姿态模拟自然界的事物和生活情景。 4. 能用简单的线条和色彩大体画出自己想画的人或事物。	1. 能用自然的、音量适中的声音基本准确地唱歌。 2. 能通过即兴哼唱、即兴表演或给熟悉的歌曲编词来表达自己的心情。 3. 能用拍手、踏脚等身体动作或可敲击的物品敲打节拍和基本节奏。 4. 能运用绘画、手工制作等表现自己观察到或想象的事物。	1. 能用基本准确的节奏和音调唱歌。 2. 能用律动或简单的舞蹈动作表现自己的情绪或自然界的情景。 3. 能自编自演故事，并为表演选择和搭配简单的服饰、道具或布景。 4. 能用自己制作的美术作品布置环境、美化生活。

教育建议：

尊重幼儿自发的表现和创造，并给予适当的指导。如：

- 鼓励幼儿在生活中细心观察、体验，为艺术活动积累经验与素材。如，观察不同树种的形态、色彩等。
- 提供丰富的材料，如图书、照片、绘画或音乐作品等，让幼儿自主选择，用自己喜欢的方式去模仿或创作，成人不做过多要求。
- 根据幼儿的生活经验，与幼儿共同确定艺术表达表现的主题，引导幼儿围绕主题展开想象，进行艺术表现。
- 幼儿绘画时，不宜提供范画，特别不应要求幼儿完全按照范画来画。
- 肯定幼儿作品的优点，用表达自己感受的方式引导其提高。如，“你的画用了这么多红颜色，感觉就像过年一样喜庆”、“你扮演的大灰狼声音真像，要是表情再凶一点就更好了”等。

附录三　幼儿园教师专业标准(试行)

http://www.moe.gov.cn/srcsite/A10/s6991/201209/t20120913_145603.html

附录四　幼儿园工作规程

http://www.moe.gov.cn/srcsite/A02/s5911/moe_621/201602/t20160229_231184.html

附录三原文　　附录四原文

幼儿园班级一日活动观察分析表

<table>
<tr><td>观察班级</td><td colspan="2"></td><td>观察日期</td><td colspan="2"></td></tr>
<tr><td>幼儿人数</td><td>男</td><td colspan="2"></td><td>女</td><td></td></tr>
<tr><td>一日活动
安排表</td><td colspan="5">记录清楚各个环节的时间和名称</td></tr>
<tr><td>观察实录</td><td colspan="5">记录清楚活动内容、行为描述、指导要点(教师工作要求、保育员职责)等</td></tr>
</table>

分析	综合评价一日活动设计的要点及实施情况

幼儿入园情况观察记录表

<table>
<tr><td colspan="2">观察班级</td><td colspan="6"></td><td colspan="4">观察时间</td><td colspan="4"></td></tr>
<tr><td colspan="2">观察地点</td><td colspan="14"></td></tr>
<tr><td rowspan="3">观察对象</td><td rowspan="3">行为表现</td><td colspan="12">幼儿</td></tr>
<tr><td colspan="2">1</td><td colspan="2">2</td><td colspan="2">3</td><td colspan="2">4</td><td colspan="2">5</td><td colspan="2">6</td></tr>
<tr><td>男</td><td>女</td><td>男</td><td>女</td><td>男</td><td>女</td><td>男</td><td>女</td><td>男</td><td>女</td><td>男</td><td>女</td></tr>
<tr><td rowspan="4">幼儿</td><td>是否主动向教师、同伴问好</td><td colspan="2"></td><td colspan="2"></td><td colspan="2"></td><td colspan="2"></td><td colspan="2"></td><td colspan="2"></td></tr>
<tr><td>是否能情绪稳定地与家长道别</td><td colspan="2"></td><td colspan="2"></td><td colspan="2"></td><td colspan="2"></td><td colspan="2"></td><td colspan="2"></td></tr>
<tr><td>能否将衣服放在指定位置</td><td colspan="2"></td><td colspan="2"></td><td colspan="2"></td><td colspan="2"></td><td colspan="2"></td><td colspan="2"></td></tr>
<tr><td>是否携带个人物品(玩具、零食等)入园</td><td colspan="2"></td><td colspan="2"></td><td colspan="2"></td><td colspan="2"></td><td colspan="2"></td><td colspan="2"></td></tr>
<tr><td rowspan="2">教师</td><td>能否亲切、热情地接待幼儿</td><td colspan="2"></td><td colspan="2"></td><td colspan="2"></td><td colspan="2"></td><td colspan="2"></td><td colspan="2"></td></tr>
<tr><td>能否与家长有效地沟通交流</td><td colspan="2"></td><td colspan="2"></td><td colspan="2"></td><td colspan="2"></td><td colspan="2"></td><td colspan="2"></td></tr>
<tr><td>分析与评价</td><td colspan="15"></td></tr>
</table>

备注：请根据幼儿和教师行为表现填写，“能”用“√”表示，“否”用“×”表示。

幼儿入园情况观察记录表

<table>
<tr><td colspan="2">观察班级</td><td colspan="6"></td><td colspan="4">观察时间</td><td colspan="4"></td></tr>
<tr><td colspan="2">观察地点</td><td colspan="14"></td></tr>
<tr><td rowspan="3">观察对象</td><td rowspan="3">行为表现</td><td colspan="12">幼儿</td></tr>
<tr><td colspan="2">1</td><td colspan="2">2</td><td colspan="2">3</td><td colspan="2">4</td><td colspan="2">5</td><td colspan="2">6</td></tr>
<tr><td>男</td><td>女</td><td>男</td><td>女</td><td>男</td><td>女</td><td>男</td><td>女</td><td>男</td><td>女</td><td>男</td><td>女</td></tr>
<tr><td rowspan="4">幼儿</td><td>是否主动向教师、同伴问好</td><td colspan="2"></td><td colspan="2"></td><td colspan="2"></td><td colspan="2"></td><td colspan="2"></td><td colspan="2"></td></tr>
<tr><td>是否能情绪稳定地与家长道别</td><td colspan="2"></td><td colspan="2"></td><td colspan="2"></td><td colspan="2"></td><td colspan="2"></td><td colspan="2"></td></tr>
<tr><td>能否将衣服放在指定位置</td><td colspan="2"></td><td colspan="2"></td><td colspan="2"></td><td colspan="2"></td><td colspan="2"></td><td colspan="2"></td></tr>
<tr><td>是否携带个人物品（玩具、零食等）入园</td><td colspan="2"></td><td colspan="2"></td><td colspan="2"></td><td colspan="2"></td><td colspan="2"></td><td colspan="2"></td></tr>
<tr><td rowspan="2">教师</td><td>能否亲切、热情地接待幼儿</td><td colspan="2"></td><td colspan="2"></td><td colspan="2"></td><td colspan="2"></td><td colspan="2"></td><td colspan="2"></td></tr>
<tr><td>能否与家长有效地沟通交流</td><td colspan="2"></td><td colspan="2"></td><td colspan="2"></td><td colspan="2"></td><td colspan="2"></td><td colspan="2"></td></tr>
<tr><td>分析与评价</td><td colspan="13"></td></tr>
</table>

备注：请根据幼儿和教师行为表现填写，“能”用“√”表示，“否”用“×”表示。

幼儿晨间锻炼观察记录表

<table>
<tr><td colspan="2">班级</td><td></td><td>人数</td><td></td><td>日期</td><td></td><td>备注说明</td></tr>
<tr><td rowspan="2">教师</td><td>基本素质</td><td colspan="5">□精神饱满　□尊重幼儿
□着装适合　□动作协调</td><td rowspan="5"></td></tr>
<tr><td>组织能力</td><td colspan="5">□面向全体　□关注差异
□安排适宜　□互动有效
□材料丰富　□环境安全</td></tr>
<tr><td rowspan="3">幼儿</td><td>发展情况</td><td colspan="5">□活动有序　□动作到位
□敢于尝试　□有所创新</td></tr>
<tr><td rowspan="2">参与情况</td><td colspan="2">□积极投入</td><td colspan="2">□缺乏兴趣</td><td>□不愿参加</td></tr>
<tr><td colspan="2">□大部分
□小部分
□极个别</td><td colspan="2">□大部分
□小部分
□极个别</td><td>□大部分
□小部分
□极个别</td></tr>
<tr><td>反思与建议</td><td colspan="7"></td></tr>
</table>

备注：请根据实际情况在符合的项目前打“√”。

幼儿晨间锻炼观察记录表

<table>
<tr><td colspan="2">班级</td><td></td><td>人数</td><td></td><td>日期</td><td></td><td>备注说明</td></tr>
<tr><td rowspan="2">教师</td><td>基本素质</td><td colspan="5">□精神饱满 □尊重幼儿
□着装适合 □动作协调</td><td rowspan="5"></td></tr>
<tr><td>组织能力</td><td colspan="5">□面向全体 □关注差异
□安排适宜 □互动有效
□材料丰富 □环境安全</td></tr>
<tr><td rowspan="3">幼儿</td><td>发展情况</td><td colspan="5">□活动有序 □动作到位
□敢于尝试 □有所创新</td></tr>
<tr><td rowspan="2">参与情况</td><td colspan="2">□积极投入</td><td colspan="2">□缺乏兴趣</td><td>□不愿参加</td></tr>
<tr><td colspan="2">□大部分
□小部分
□极个别</td><td colspan="2">□大部分
□小部分
□极个别</td><td>□大部分
□小部分
□极个别</td></tr>
<tr><td>反思与建议</td><td colspan="7"></td></tr>
</table>

备注：请根据实际情况在符合的项目前打“√”。

幼儿晨间锻炼观察记录表

<table>
<tr><td colspan="2">班级</td><td></td><td>人数</td><td></td><td>日期</td><td></td><td>备注说明</td></tr>
<tr><td rowspan="2">教师</td><td>基本素质</td><td colspan="5">□精神饱满 □尊重幼儿
□着装适合 □动作协调</td><td rowspan="5"></td></tr>
<tr><td>组织能力</td><td colspan="5">□面向全体 □关注差异
□安排适宜 □互动有效
□材料丰富 □环境安全</td></tr>
<tr><td rowspan="3">幼儿</td><td>发展情况</td><td colspan="5">□活动有序 □动作到位
□敢于尝试 □有所创新</td></tr>
<tr><td rowspan="2">参与情况</td><td colspan="2">□积极投入</td><td colspan="2">□缺乏兴趣</td><td>□不愿参加</td></tr>
<tr><td colspan="2">□大部分
□小部分
□极个别</td><td colspan="2">□大部分
□小部分
□极个别</td><td>□大部分
□小部分
□极个别</td></tr>
<tr><td>反思与建议</td><td colspan="7"></td></tr>
</table>

备注：请根据实际情况在符合的项目前打“√”。

幼儿晨间锻炼观察记录表

<table>
<tr><td colspan="2">班级</td><td></td><td>人数</td><td></td><td>日期</td><td></td><td>备注说明</td></tr>
<tr><td rowspan="2">教师</td><td>基本素质</td><td colspan="5">□精神饱满 □尊重幼儿
□着装适合 □动作协调</td><td rowspan="6"></td></tr>
<tr><td>组织能力</td><td colspan="5">□面向全体 □关注差异
□安排适宜 □互动有效
□材料丰富 □环境安全</td></tr>
<tr><td rowspan="3">幼儿</td><td>发展情况</td><td colspan="5">□活动有序 □动作到位
□敢于尝试 □有所创新</td></tr>
<tr><td rowspan="2">参与情况</td><td colspan="2">□积极投入</td><td colspan="2">□缺乏兴趣</td><td>□不愿参加</td></tr>
<tr><td colspan="2">□大部分
□小部分
□极个别</td><td colspan="2">□大部分
□小部分
□极个别</td><td>□大部分
□小部分
□极个别</td></tr>
<tr><td>反思与建议</td><td colspan="7"></td></tr>
</table>

备注：请根据实际情况在符合的项目前打“√”。

幼儿园食谱记录分析表

<table>
<tr><td rowspan="6">食谱</td><td>星期
项目</td><td>星期一</td><td>星期二</td><td>星期三</td><td>星期四</td><td>星期五</td></tr>
<tr><td>早餐</td><td></td><td></td><td></td><td></td><td></td></tr>
<tr><td>午餐</td><td></td><td></td><td></td><td></td><td></td></tr>
<tr><td>水果</td><td></td><td></td><td></td><td></td><td></td></tr>
<tr><td>午点</td><td></td><td></td><td></td><td></td><td></td></tr>
<tr><td>晚餐</td><td></td><td></td><td></td><td></td><td></td></tr>
<tr><td>分析与建议</td><td colspan="6"></td></tr>
</table>

幼儿园食谱记录分析表

<table>
<tr><td rowspan="6">食谱</td><td>星期
项目</td><td>星期一</td><td>星期二</td><td>星期三</td><td>星期四</td><td>星期五</td></tr>
<tr><td>早餐</td><td></td><td></td><td></td><td></td><td></td></tr>
<tr><td>午餐</td><td></td><td></td><td></td><td></td><td></td></tr>
<tr><td>水果</td><td></td><td></td><td></td><td></td><td></td></tr>
<tr><td>午点</td><td></td><td></td><td></td><td></td><td></td></tr>
<tr><td>晚餐</td><td></td><td></td><td></td><td></td><td></td></tr>
<tr><td>分析与建议</td><td colspan="6"></td></tr>
</table>

幼儿进餐观察记录分析表

班级		人数		日期	
进餐类别	□早餐 □午餐 □午点 □晚餐				
观察内容	实录			存在问题	
进餐状况（情绪、食量、速度等）					
进餐习惯（挑食、主动添饭、边吃边聊、含饭等）					
餐后整理（主动擦嘴、主动收拾等）					
体弱、肥胖儿的特殊照料					
其他					

幼儿进餐观察记录分析表

班级		人数		日期	
进餐类别	□早餐　□午餐　□午点　□晚餐				
观察内容	实录			存在问题	
进餐状况（情绪、食量、速度等）					
进餐习惯（挑食、主动添饭、边吃边聊、含饭等）					
餐后整理（主动擦嘴、主动收拾等）					
体弱、肥胖儿的特殊照料					
其他					

幼儿午睡观察记录分析表

<table>
<tr><td>班级</td><td colspan="2"></td><td>人数</td><td></td><td>日期</td><td></td></tr>
<tr><td colspan="2">内容</td><td colspan="3">实录</td><td colspan="2">分析</td></tr>
<tr><td colspan="2">睡前安全检查</td><td colspan="3"></td><td colspan="2"></td></tr>
<tr><td colspan="2">睡时看护</td><td colspan="3"></td><td colspan="2"></td></tr>
<tr><td colspan="2">保暖降温情况</td><td colspan="3"></td><td colspan="2"></td></tr>
<tr><td colspan="2">生活自理情况</td><td colspan="3"></td><td colspan="2"></td></tr>
<tr><td colspan="2">特殊幼儿照料
（入睡困难、
多尿、尿床）</td><td colspan="3"></td><td colspan="2"></td></tr>
<tr><td colspan="2">其他</td><td colspan="3"></td><td colspan="2"></td></tr>
</table>

幼儿午睡观察记录分析表

班级		人数		日期	
内容	实录			分析	
睡前安全检查					
睡时看护					
保暖降温情况					
生活自理情况					
特殊幼儿照料（入睡困难、多尿、尿床）					
其他					

幼儿离园观察记录分析表

班级						人数		
日期	幼儿姓名	幼儿性别	幼儿情绪状态			接送人	带回物品	与家长沟通情况
			好	中	差			
分析								

幼儿离园观察记录分析表

<table>
<tr><td>班级</td><td colspan="5"></td><td>人数</td><td colspan="2"></td></tr>
<tr><td rowspan="2">日期</td><td rowspan="2">幼儿
姓名</td><td rowspan="2">幼儿
性别</td><td colspan="3">幼儿情绪状态</td><td rowspan="2">接送人</td><td rowspan="2">带回物品</td><td rowspan="2">与家长沟通情况</td></tr>
<tr><td>好</td><td>中</td><td>差</td></tr>
<tr><td></td><td></td><td></td><td></td><td></td><td></td><td></td><td></td><td></td></tr>
<tr><td></td><td></td><td></td><td></td><td></td><td></td><td></td><td></td><td></td></tr>
<tr><td></td><td></td><td></td><td></td><td></td><td></td><td></td><td></td><td></td></tr>
<tr><td></td><td></td><td></td><td></td><td></td><td></td><td></td><td></td><td></td></tr>
<tr><td></td><td></td><td></td><td></td><td></td><td></td><td></td><td></td><td></td></tr>
<tr><td></td><td></td><td></td><td></td><td></td><td></td><td></td><td></td><td></td></tr>
<tr><td></td><td></td><td></td><td></td><td></td><td></td><td></td><td></td><td></td></tr>
<tr><td></td><td></td><td></td><td></td><td></td><td></td><td></td><td></td><td></td></tr>
<tr><td></td><td></td><td></td><td></td><td></td><td></td><td></td><td></td><td></td></tr>
<tr><td></td><td></td><td></td><td></td><td></td><td></td><td></td><td></td><td></td></tr>
<tr><td></td><td></td><td></td><td></td><td></td><td></td><td></td><td></td><td></td></tr>
<tr><td></td><td></td><td></td><td></td><td></td><td></td><td></td><td></td><td></td></tr>
<tr><td></td><td></td><td></td><td></td><td></td><td></td><td></td><td></td><td></td></tr>
<tr><td></td><td></td><td></td><td></td><td></td><td></td><td></td><td></td><td></td></tr>
<tr><td></td><td></td><td></td><td></td><td></td><td></td><td></td><td></td><td></td></tr>
<tr><td>分析</td><td colspan="8"></td></tr>
</table>

幼儿生活常规记录分析表

姓名		班级		性别		年龄	
项目	评价内容			等级			
				好	较好	一般	
洗手	1. 能认真洗手(七步洗手法、冲洗)						
	2. 不拥挤,不边玩边洗,节约用水						
	3. 认识自己的毛巾,用后能将毛巾挂回原位						
如厕	1. 知道按需如厕						
	2. 如厕习惯良好						
	3. 会整理衣裤,或主动请求帮助整理						
	4. 能便后洗手						
喝水	1. 知道按需喝水						
	2. 使用自己的口杯并能放回原位						
	3. 排队取水不拥挤						
	4. 知道正确的喝水方法						
用餐	1. 进餐习惯良好						
	2. 会自己使用餐具进餐						
	3. 吃饭不挑食						
	4. 餐后自己收拾餐具,摆放椅子,擦嘴						
午睡	1. 午睡前能有秩序如厕						
	2. 能安静进入寝室						
	3. 能按顺序脱鞋、衣、袜,并折叠放好						
	4. 可以安静入睡,不带玩具上床						
起床	1. 按时起床,不喧哗						
	2. 较迅速正确地进行穿戴						
	3. 被子、拖鞋摆放整齐						
	4. 有秩序地如厕、喝水						
分析							

备注:请在幼儿能够独立完成的项目后打"√"。

幼儿生活常规记录分析表

姓名		班级		性别		年龄	
项目	评价内容			等级			
				好	较好	一般	
洗手	1. 能认真洗手(七步洗手法、冲洗)						
	2. 不拥挤,不边玩边洗,节约用水						
	3. 认识自己的毛巾,用后能将毛巾挂回原位						
如厕	1. 知道按需如厕						
	2. 如厕习惯良好						
	3. 会整理衣裤,或主动请求帮助整理						
	4. 能便后洗手						
喝水	1. 知道按需喝水						
	2. 使用自己的口杯并能放回原位						
	3. 排队取水不拥挤						
	4. 知道正确的喝水方法						
用餐	1. 进餐习惯良好						
	2. 会自己使用餐具进餐						
	3. 吃饭不挑食						
	4. 餐后自己收拾餐具,摆放椅子,擦嘴						
午睡	1. 午睡前能有秩序如厕						
	2. 能安静进入寝室						
	3. 能按顺序脱鞋、衣、袜,并折叠放好						
	4. 可以安静入睡,不带玩具上床						
起床	1. 按时起床,不喧哗						
	2. 较迅速正确地进行穿戴						
	3. 被子、拖鞋摆放整齐						
	4. 有秩序地如厕、喝水						
分析							

备注:请在幼儿能够独立完成的项目后打“√”。

幼儿生活常规记录分析表

姓名		班级		性别		年龄	
项目	评价内容			等级			
				好	较好	一般	
洗手	1. 能认真洗手(七步洗手法、冲洗)						
	2. 不拥挤,不边玩边洗,节约用水						
	3. 认识自己的毛巾,用后能将毛巾挂回原位						
如厕	1. 知道按需如厕						
	2. 如厕习惯良好						
	3. 会整理衣裤,或主动请求帮助整理						
	4. 能便后洗手						
喝水	1. 知道按需喝水						
	2. 使用自己的口杯并能放回原位						
	3. 排队取水不拥挤						
	4. 知道正确的喝水方法						
用餐	1. 进餐习惯良好						
	2. 会自己使用餐具进餐						
	3. 吃饭不挑食						
	4. 餐后自己收拾餐具,摆放椅子,擦嘴						
午睡	1. 午睡前能有秩序如厕						
	2. 能安静进入寝室						
	3. 能按顺序脱鞋、衣、袜,并折叠放好						
	4. 可以安静入睡,不带玩具上床						
起床	1. 按时起床,不喧哗						
	2. 较迅速正确地进行穿戴						
	3. 被子、拖鞋摆放整齐						
	4. 有秩序地如厕、喝水						
分析							

备注:请在幼儿能够独立完成的项目后打"√"。

幼儿生活常规记录分析表

姓名		班级		性别		年龄	
项目	评价内容			等级			
				好	较好	一般	
洗手	1. 能认真洗手(七步洗手法、冲洗)						
	2. 不拥挤,不边玩边洗,节约用水						
	3. 认识自己的毛巾,用后能将毛巾挂回原位						
如厕	1. 知道按需如厕						
	2. 如厕习惯良好						
	3. 会整理衣裤,或主动请求帮助整理						
	4. 能便后洗手						
喝水	1. 知道按需喝水						
	2. 使用自己的口杯并能放回原位						
	3. 排队取水不拥挤						
	4. 知道正确的喝水方法						
用餐	1. 进餐习惯良好						
	2. 会自己使用餐具进餐						
	3. 吃饭不挑食						
	4. 餐后自己收拾餐具,摆放椅子,擦嘴						
午睡	1. 午睡前能有秩序如厕						
	2. 能安静进入寝室						
	3. 能按顺序脱鞋、衣、袜,并折叠放好						
	4. 可以安静入睡,不带玩具上床						
起床	1. 按时起床,不喧哗						
	2. 较迅速正确地进行穿戴						
	3. 被子、拖鞋摆放整齐						
	4. 有秩序地如厕、喝水						
分析							

备注:请在幼儿能够独立完成的项目后打“√”。

幼儿户外活动观察记录分析表

班级		人数		日期	
活动类型	□早操　□器械活动　□体育游戏　□其他				
环境与材料	□环境材料安全环保　□材料种类数量充足 □充分利用环境材料　□材料玩具有创新 □环境材料符合幼儿年龄特点				
幼儿反应	□灵活有序　□积极参与　□合作互动 □活动量适中　□玩法创新　□有所发展				
观察重点					
现场实录					
分析					

备注：请根据实际情况，在符合的项目前打“√”。

幼儿户外活动观察记录分析表

班级		人数		日期	
活动类型	□早操 □器械活动 □体育游戏 □其他				
环境与材料	□环境材料安全环保 □材料种类数量充足 □充分利用环境材料 □材料玩具有创新 □环境材料符合幼儿年龄特点				
幼儿反应	□灵活有序 □积极参与 □合作互动 □活动量适中 □玩法创新 □有所发展				
观察重点					
现场实录					
分析					

备注：请根据实际情况，在符合的项目前打“√”。

幼儿园环境创设观察记录表

观察园所		观察时间			
观察环境	□户外环境	□楼体建筑	□公共区域	□功能活动室	
观察内容（可附图）					

观察分析	
综合评价	

幼儿园环境创设观察记录表

观察园所		观察时间	
观察环境	□户外环境　□楼体建筑　□公共区域　□功能活动室		
观察内容（可附图）			

观察分析	
综合评价	

幼儿园环境创设观察记录表

观察园所		观察时间		
观察环境	□户外环境	□楼体建筑	□公共区域	□功能活动室
观察内容（可附图）				

观察分析	
综合评价	

幼儿园环境创设观察记录表

观察园所		观察时间			
观察环境	□户外环境	□楼体建筑	□公共区域	□功能活动室	
观察内容（可附图）					

观察分析	
综合评价	

幼儿园班级区域活动分布图

思考与建议	

幼儿园班级环境创设评价表

<table>
<tr><th>项目</th><th>目标要求</th><th>好</th><th>较好</th><th>一般</th></tr>
<tr><td rowspan="5">墙壁</td><td>1. 与幼儿园课程目标、内容紧密结合</td><td></td><td></td><td></td></tr>
<tr><td>2. 幼儿参与性强</td><td></td><td></td><td></td></tr>
<tr><td>3. 及时更换,体现季节特点等</td><td></td><td></td><td></td></tr>
<tr><td>4. 用材创新,布置美观,有特色</td><td></td><td></td><td></td></tr>
<tr><td>5. 高低适宜,内容符合幼儿年龄特点</td><td></td><td></td><td></td></tr>
<tr><td rowspan="7">活动区域</td><td>1. 结合幼儿园课程内容设置区域</td><td></td><td></td><td></td></tr>
<tr><td>2. 提供丰富、可操作的材料,并根据课程内容投放新材料</td><td></td><td></td><td></td></tr>
<tr><td>3. 材料投放体现层次性</td><td></td><td></td><td></td></tr>
<tr><td>4. 充分利用废旧物品</td><td></td><td></td><td></td></tr>
<tr><td>5. 有活动区标记</td><td></td><td></td><td></td></tr>
<tr><td>6. 充分利用环境条件设置活动区游戏</td><td></td><td></td><td></td></tr>
<tr><td>7. 游戏环境创设体现幼儿主体</td><td></td><td></td><td></td></tr>
<tr><td rowspan="5">自然角</td><td>1. 内容丰富,包括动物、植物等多种物品</td><td></td><td></td><td></td></tr>
<tr><td>2. 体现幼儿的参与性</td><td></td><td></td><td></td></tr>
<tr><td>3. 摆放合理美观,符合认识特点,季节性强</td><td></td><td></td><td></td></tr>
<tr><td>4. 有幼儿观察记录</td><td></td><td></td><td></td></tr>
<tr><td>5. 经常管理</td><td></td><td></td><td></td></tr>
<tr><td rowspan="3">作品展示区</td><td>1. 有作品展示区(可结合墙饰),布置美观</td><td></td><td></td><td></td></tr>
<tr><td>2. 作品展示面广</td><td></td><td></td><td></td></tr>
<tr><td>3. 作品更换及时</td><td></td><td></td><td></td></tr>
<tr><td rowspan="3">家园联系栏</td><td>1. 设计布置美观、新颖</td><td></td><td></td><td></td></tr>
<tr><td>2. 保教内容丰富,与主题活动相关联</td><td></td><td></td><td></td></tr>
<tr><td>3. 按时公布月、周目标及教育内容</td><td></td><td></td><td></td></tr>
<tr><td>整体感觉</td><td>充分利用空间,合理、合适、美观、有创意</td><td></td><td></td><td></td></tr>
<tr><td>评价</td><td colspan="4"></td></tr>
</table>

幼儿园班级环境创设评价表

项目	目标要求	好	较好	一般
墙壁	1. 与幼儿园课程目标、内容紧密结合			
	2. 幼儿参与性强			
	3. 及时更换，体现季节特点等			
	4. 用材创新，布置美观，有特色			
	5. 高低适宜，内容符合幼儿年龄特点			
活动区域	1. 结合幼儿园课程内容设置区域			
	2. 提供丰富、可操作的材料，并根据课程内容投放新材料			
	3. 材料投放体现层次性			
	4. 充分利用废旧物品			
	5. 有活动区标记			
	6. 充分利用环境条件设置活动区游戏			
	7. 游戏环境创设体现幼儿主体			
自然角	1. 内容丰富，包括动物、植物等多种物品			
	2. 体现幼儿的参与性			
	3. 摆放合理美观，符合认识特点，季节性强			
	4. 有幼儿观察记录			
	5. 经常管理			
作品展示区	1. 有作品展示区（可结合墙饰），布置美观			
	2. 作品展示面广			
	3. 作品更换及时			
家园联系栏	1. 设计布置美观、新颖			
	2. 保教内容丰富，与主题活动相关联			
	3. 按时公布月、周目标及教育内容			
整体感觉	充分利用空间，合理、合适、美观、有创意			
评价				

幼儿园班级环境创设方案

<table>
<tr><td>班级</td><td colspan="2"></td><td>时间</td><td></td></tr>
<tr><td>主题</td><td colspan="4"></td></tr>
<tr><td colspan="5">主题墙（可附图）</td></tr>
<tr><td>区域
（可附图）</td><td>区域一</td><td colspan="3"></td></tr>
</table>

<table>
<tr><td rowspan="2">区域
（可附图）</td><td>区域二</td><td></td></tr>
<tr><td>区域三</td><td></td></tr>
</table>

<table>
<tr><td>家园
共育栏
（可附图）</td><td colspan="2"></td></tr>
<tr><td rowspan="2">其他</td><td>室内</td><td></td></tr>
<tr><td>室外</td><td></td></tr>
</table>

幼儿园班级环境创设方案

<table>
<tr><td>班级</td><td></td><td>时间</td><td></td></tr>
<tr><td>主题</td><td colspan="3"></td></tr>
<tr><td colspan="4">主题墙（可附图）</td></tr>
<tr><td>区域
（可附图）</td><td>区域一</td><td colspan="2"></td></tr>
</table>

区域（可附图）	区域二	
	区域三	

<table>
<tr><td>家园
共育栏
（可附图）</td><td colspan="2"></td></tr>
<tr><td rowspan="2">其他</td><td>室内</td><td></td></tr>
<tr><td>室外</td><td></td></tr>
</table>

幼儿区域活动观察分析表

<table>
<tr><td>观察者</td><td colspan="2"></td><td colspan="2">观察班级</td><td colspan="2"></td></tr>
<tr><td>观察时间</td><td colspan="2"></td><td colspan="2">观察时长</td><td colspan="2"></td></tr>
<tr><td>观察区域</td><td colspan="2"></td><td colspan="2">观察人数</td><td colspan="2"></td></tr>
<tr><td rowspan="2">观察内容</td><td rowspan="2" colspan="2">要求</td><td colspan="2">达到</td><td colspan="2">未达到</td></tr>
<tr><td>男</td><td>女</td><td>男</td><td>女</td></tr>
<tr><td rowspan="2">到达活动场地</td><td colspan="2">能够按照计划到达活动场地</td><td></td><td></td><td></td><td></td></tr>
<tr><td colspan="2">能够带领同伴按照计划到达活动场地</td><td></td><td></td><td></td><td></td></tr>
<tr><td>遵守游戏规则</td><td colspan="2">能与协商制定并遵守游戏规则</td><td></td><td></td><td></td><td></td></tr>
<tr><td>游戏持续时间</td><td colspan="2">参与活动持续时间较长，专注度较高</td><td></td><td></td><td></td><td></td></tr>
<tr><td rowspan="2">玩法创新</td><td colspan="2">熟练运用已有经验进行游戏</td><td></td><td></td><td></td><td></td></tr>
<tr><td colspan="2">主动探究，尝试新玩法</td><td></td><td></td><td></td><td></td></tr>
<tr><td rowspan="3">与同伴
游戏合作</td><td colspan="2">较好地与同伴合作游戏</td><td></td><td></td><td></td><td></td></tr>
<tr><td colspan="2">能够与同伴合作游戏</td><td></td><td></td><td></td><td></td></tr>
<tr><td colspan="2">独自游戏</td><td></td><td></td><td></td><td></td></tr>
<tr><td rowspan="3">问题处理</td><td colspan="2">能够自己独立解决问题</td><td></td><td></td><td></td><td></td></tr>
<tr><td colspan="2">向教师求助解决</td><td></td><td></td><td></td><td></td></tr>
<tr><td colspan="2">与同伴协商解决</td><td></td><td></td><td></td><td></td></tr>
<tr><td>玩具收纳</td><td colspan="2">游戏结束能主动收纳玩具，并按分类标记摆放</td><td></td><td></td><td></td><td></td></tr>
<tr><td>现象分析</td><td colspan="6"></td></tr>
<tr><td>整改策略</td><td colspan="6"></td></tr>
</table>

备注：达到就在“达到”处打“√”，未达到就在“未达到”处打“√”。

幼儿区域活动观察分析表

观察者		观察班级			
观察时间		观察时长			
观察区域		观察人数			
观察内容	要求	达到		未达到	
		男	女	男	女
到达活动场地	能够按照计划到达活动场地				
	能够带领同伴按照计划到达活动场地				
遵守游戏规则	能与协商制定并遵守游戏规则				
游戏持续时间	参与活动持续时间较长,专注度较高				
玩法创新	熟练运用已有经验进行游戏				
	主动探究,尝试新玩法				
与同伴游戏合作	较好地与同伴合作游戏				
	能够与同伴合作游戏				
	独自游戏				
问题处理	能够自己独立解决问题				
	向教师求助解决				
	与同伴协商解决				
玩具收纳	游戏结束能主动收纳玩具,并按分类标记摆放				
现象分析					
整改策略					

备注:达到就在"达到"处打"√",未达到就在"未达到"处打"√"。

幼儿区域活动观察分析表

<table>
<tr><td>观察者</td><td></td><td colspan="2">观察班级</td><td colspan="2"></td></tr>
<tr><td>观察时间</td><td></td><td colspan="2">观察时长</td><td colspan="2"></td></tr>
<tr><td>观察区域</td><td></td><td colspan="2">观察人数</td><td colspan="2"></td></tr>
<tr><td rowspan="2">观察内容</td><td rowspan="2">要求</td><td colspan="2">达到</td><td colspan="2">未达到</td></tr>
<tr><td>男</td><td>女</td><td>男</td><td>女</td></tr>
<tr><td rowspan="2">到达活动场地</td><td>能够按照计划到达活动场地</td><td></td><td></td><td></td><td></td></tr>
<tr><td>能够带领同伴按照计划到达活动场地</td><td></td><td></td><td></td><td></td></tr>
<tr><td>遵守游戏规则</td><td>能与协商制定并遵守游戏规则</td><td></td><td></td><td></td><td></td></tr>
<tr><td>游戏持续时间</td><td>参与活动持续时间较长,专注度较高</td><td></td><td></td><td></td><td></td></tr>
<tr><td rowspan="2">玩法创新</td><td>熟练运用已有经验进行游戏</td><td></td><td></td><td></td><td></td></tr>
<tr><td>主动探究,尝试新玩法</td><td></td><td></td><td></td><td></td></tr>
<tr><td rowspan="3">与同伴
游戏合作</td><td>较好地与同伴合作游戏</td><td></td><td></td><td></td><td></td></tr>
<tr><td>能够与同伴合作游戏</td><td></td><td></td><td></td><td></td></tr>
<tr><td>独自游戏</td><td></td><td></td><td></td><td></td></tr>
<tr><td rowspan="3">问题处理</td><td>能够自己独立解决问题</td><td></td><td></td><td></td><td></td></tr>
<tr><td>向教师求助解决</td><td></td><td></td><td></td><td></td></tr>
<tr><td>与同伴协商解决</td><td></td><td></td><td></td><td></td></tr>
<tr><td>玩具收纳</td><td>游戏结束能主动收纳玩具,并按分类标记摆放</td><td></td><td></td><td></td><td></td></tr>
<tr><td>现象分析</td><td colspan="5"></td></tr>
<tr><td>整改策略</td><td colspan="5"></td></tr>
</table>

备注:达到就在“达到”处打“√”,未达到就在“未达到”处打“√”。